「生きる力を引き出す」住…い

障がいをもつ方のくらし…り

パーソンデザインで考える
くらしを変える福祉住環境

person design

朝尾 浩康

主婦の友社

はじめに

本書を出版する理由となったデータがあります。2023年に厚生労働省が、介護保険制度で使われている住宅改修費と福祉用具貸与（レンタル）費の推移を示した、まさに本書の主題である障がいをもつ方のくらしを支える住まいと、それを補完する福祉用具のデータです。しかしこのデータは驚くまでにまったく異なる推移を示しています。介護保険制度が施行された2年後の2002年度には1039億円だった年間利用額が、2020年度には3721億円と3・6倍になっているものと、2002年度に427億円だった年間利用額が、2020年度においても413億円とほぼ同額で、さらに過去5年間においては毎年マイナスに推移しているものでした。ここで皆さまに質問です。それぞれの推移がどちらのものだと思われますか？

住まいを修理するにはお金がかかりそうなので、3・6倍になっているのはやっぱり住宅改修費かなと思われた方、それは間違いです。この数字は福祉用具のレンタル費なのです。しかもこの費用には福祉用具の販売費は含まれず、年間160億円ほどの費用は別なのです。私は、自分のすべてをかけてきた仕事が軽く見られたようで、ショックを隠せませんでした。

もう一つの理由が、2022年末に福祉のまちづくり学会で講師を頼まれたときのことです。学会には、大学でユニバーサルデザインやバリアフリーなどの研究をされている先生方が参加されていて、講演終了後に挨拶に来られた先生方から、「衝撃を受けました」「こんなことがあるのですね。本当に驚きました」とのコメントを相次いでいただいたことです。この学会での講演を通して、確かに障がいをもつ方の住まいを考えてみようとしたときに、参考にできる書籍がないことに気づきました。

人が生活を営むための基盤となる「住まい」は、福祉や健康の基礎にもなります。

本書は、30年間に4000人以上の障がいをもつ方の住宅に携わってきた私が、多くの皆さまから学ばせていただき、育てられたことに報いるために、皆さまから伝えられた「私の家のケースが、同じ障がいをもつ方の参考になればうれしいです」との言葉をしっかり受け止めさせていただき、つくり上げたものです。私が携わった方々の実例をできるだけ多くお示しすることで、住まいに不安を感じておられる障がいをおもちのご本人やご家族の方、支える側におられるセラピストやケアマネジャー、看護師やヘルパーの皆さま、住まいを形にされる建築関係の方々に参考にしていただけたらとの思いで、文章力のない私が一念発起してまとめました。

本書の構成を考えたとき、読者の皆さまにわかりやすく見ていただくために、第1章では、障がいをおもちのご本人の協力を得て、実際の生活の様子を撮影し、連続写真として掲載させていただきました。第2章では、本書のサブタイトルに掲げました「パーソンデザイン」について詳しくお話しします。第3章では、住まいの中でいちばんご要望が多いトイレとお風呂をクローズアップして、創意工夫した実例を図面とともに見ていただきます。第4章においては、移動をしやすくするための福祉機器を活用した実例を図面とあわせて見ていただきます。第5章は、福祉用具を無理なく手にしていただくための福祉制度の話を、写真を掲載してわかりやすく解説します。こうして作成した本書が多くの方の目に留まることで、障がいをもつ方のくらしが豊かになり、楽しくくらしていただくことができるようにと切に願っています。

本書に興味をもっていただいた皆さまのために、お役に立てればとの思いで書き上げました。

目次

第1章

障がいをもつ方の住まいとくらし

同じ障がいをもつ方の身体状況の違いと家づくり

person

design

住まいは、毎日の生活を営む場所であり、健康のもとになる食事をしたり、入浴して心身ともにリフレッシュしたり、好きな趣味に時間を費やしたり、家族とのコミュニケーションを楽しむなど、心からくつろげて快適に過ごせる場所であることが理想です。それは障がいをもつ方にとっても同じで、すべての人に共通する願いなのです。そこに住む人にとって快適な「家」をつくるためには、どんなデザインやインテリアが好みか、どのような間取りにしたいのかといったことを踏まえて、その人が望む家をつくるための工夫を積み重ねていくことが求められます。

障がいをもつ方の家づくりにおいては、そのプロセスに加えて、お体の状況はどうなのか、どんなことに不自由を感じておられるのか、どんな趣味をもっていて、どんな「くらし」を望んでいるのかなど、ご本人ともっと深く向き合って、その人となりをも見つめながら、その方が豊かにくらせるために、さらに創意工夫を重ねながら進めていかなければなりません。

第1章では、私が担当させていただいた6組の方にご登場いただきます。脊髄を損傷された3名の方と、脳性麻痺《まひ》の3組の方で、同じ障がいをおもちであっても、お体の状況がまったく違う方々です。それぞれの方のくらしを担うことになった出会いから、ご本人が実際にどんなことに困っておられたのか、そして、どのような要望をもっておられるのかといったことを振り返りながら、それらの事柄をどう解消して、どのように実現させていったのか、そのためにはどんなやりとりをして、どう形にしていったのかなどを、具体的なエピソードを交えながら詳しくお話ししていきます。さらに今回の書籍にまとめるにあたり、ご本人やご家族、ヘルパーさんにも改めてお話を伺いましたので、コラムとしてご紹介させていただきます。

person design

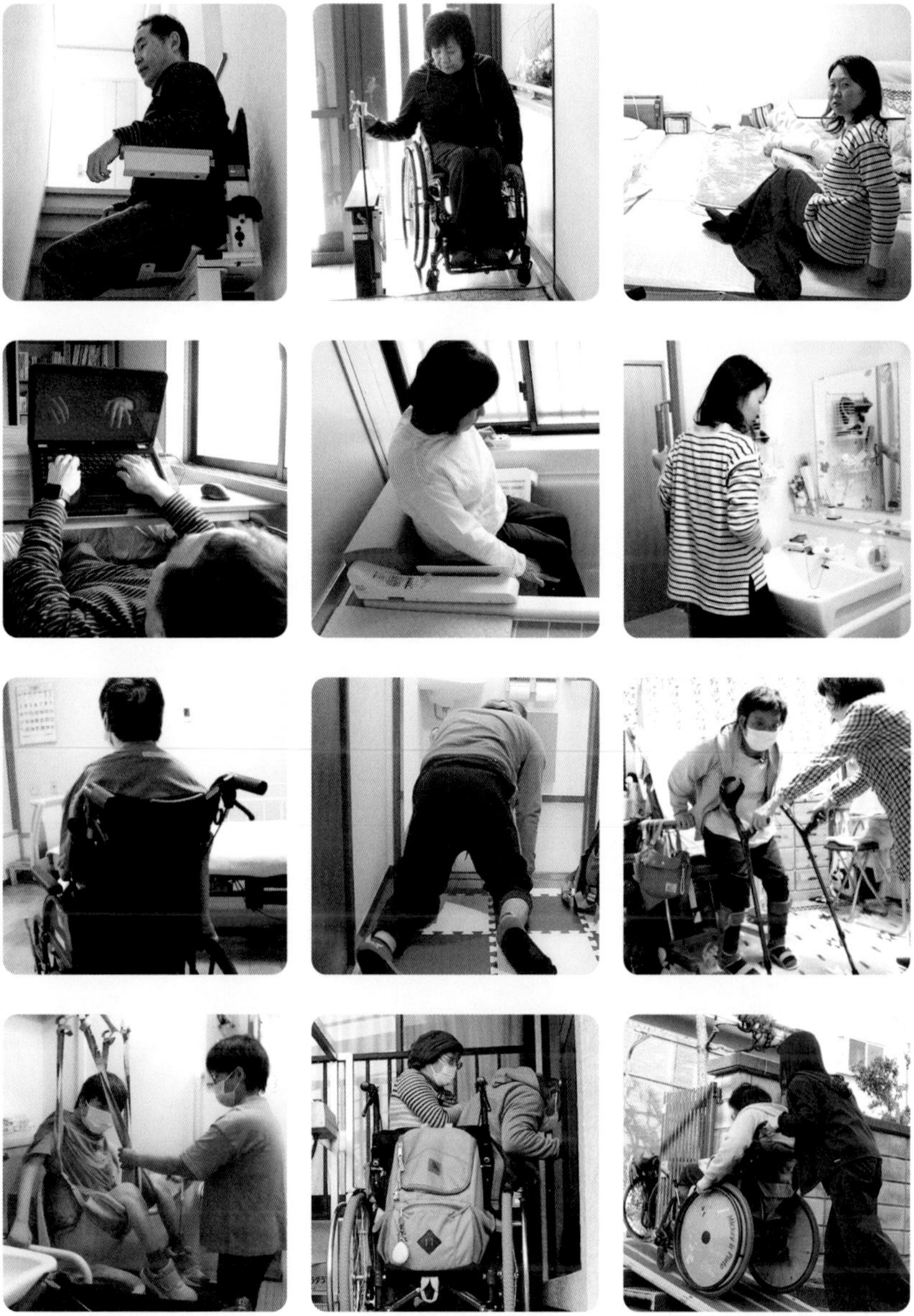

脊髄損傷の方のくらしと家づくり

身体状況に合わせた住まいの工夫

私たち人間にとって脊髄は、脳と同じく神経のかたまりなので、さまざまな障がいを引き起こすことになります。

腰髄を損傷されたM・Iさんは、家の中でゆっくりバランスをとりながらの歩行はできますが、排泄《はいせつ》の障がいでストーマ（おなかにつくられた尿や便の出口）を装着しています。「私は赤ちゃん以下です。赤ちゃんはおしっこをすると泣いて知らせるけど、私は水道の蛇口が止まらない状態なのです」

胸髄を損傷されたT・Mさんは、子どもの頃から徐々に立つことができなくなりました。「先日も病院で体重を計るときに、立てますかと聞かれたのよ。何度も行っているのにね」

頸髄を損傷されたT・Yさんは、立つことはできても歩くことはできません。握力も弱く血圧が不安定で、事故から5年たった今でも外出することが困難です。「最近少し落ち着いたと思っていたのですが、この間も、気温が25度を超えたらまったく動けないんですよ」

このように、損傷された箇所によって身体状況は異なりますから、その方の状態をよく把握したうえで、お一人お一人に合わせた家づくりが求められます。

T・Yさん

事故で 頸髄損傷

仕事の事故で、頸椎の C5 ～ 6 を損傷される。退院に向けて、自宅での生活の不安を解消するために家づくりを考える。

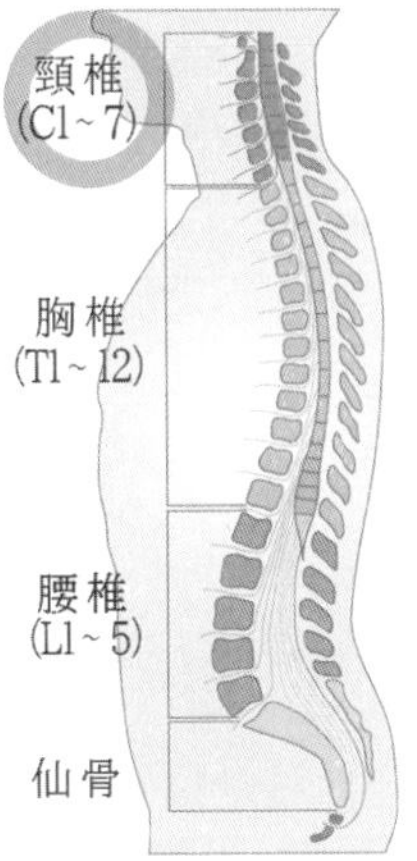

T・Mさん

病気で 胸髄損傷

幼少期に脊椎カリエスで胸椎の T3 ～ 5 を損傷される。ご自身の筋力低下を感じられるなかで、使い勝手を見直しての家づくりを考える。

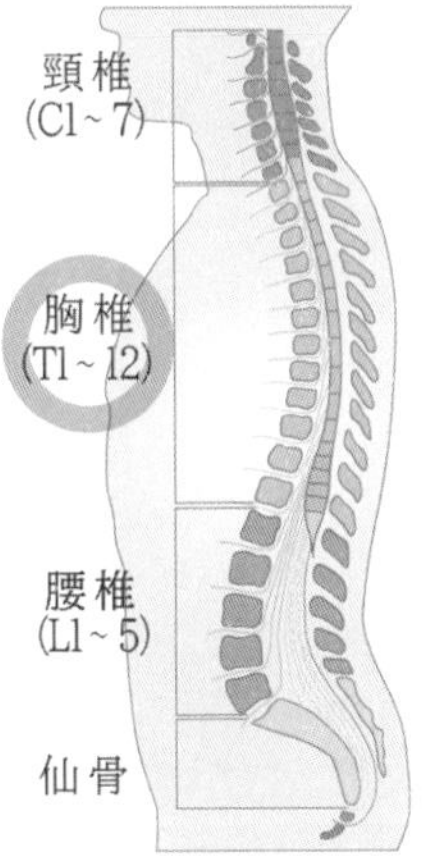

M・Iさん

事故で 腰髄損傷

学生のときの事故で腰椎の L 1 を損傷される。一人暮らしを始めるために、車椅子対応の公営住宅に入居を決め、家づくりを考える。

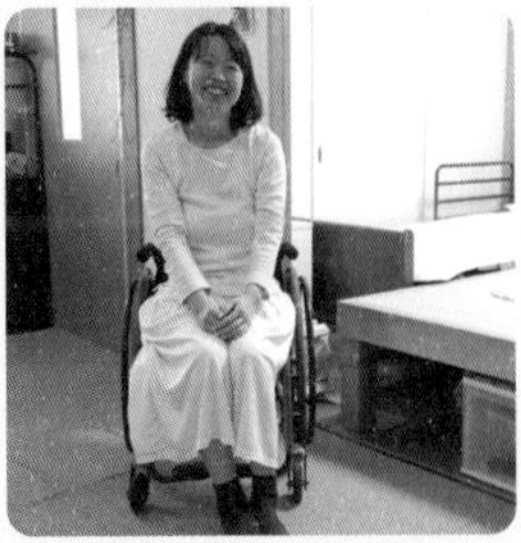

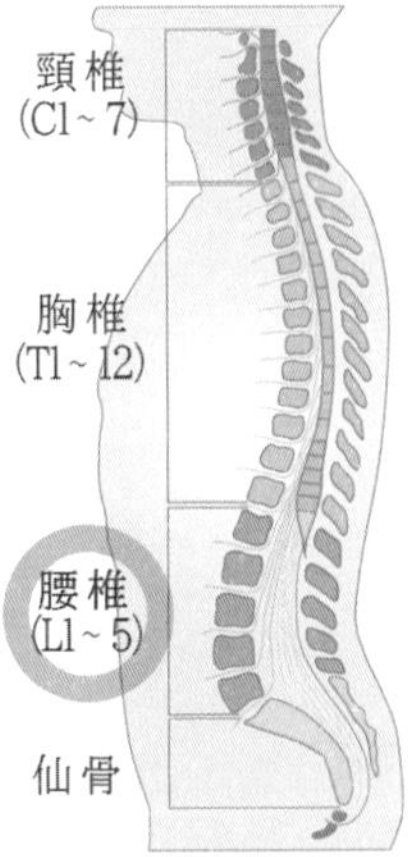

※「脊椎」は背骨のことで、図の両側にある太い骨です。その間にあるのが「脊髄」です

事故で腰髄を損傷されたM・Iさん

安心して一人暮らしができる家づくり

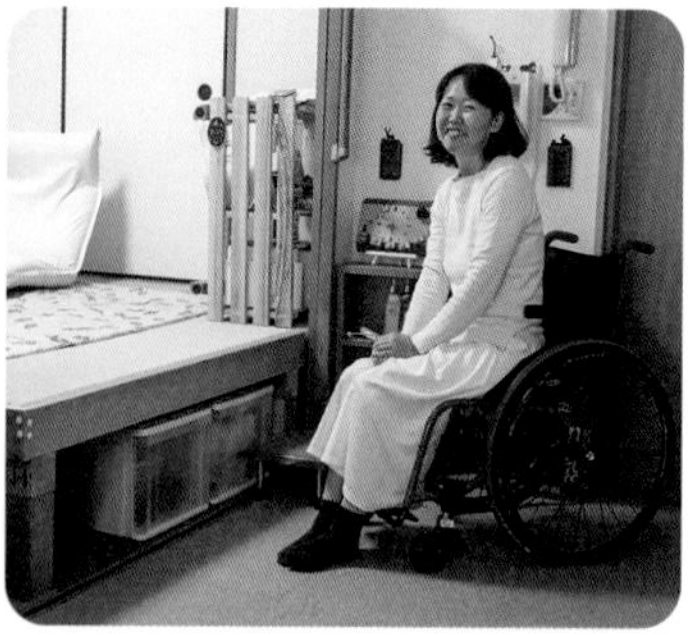

障がいの状況　腰椎のL1を損傷。足の麻痺と感覚喪失、体温調整の障がいがある。排泄障がいでストーマを装着。

住宅の概要　車椅子対応の公営住宅に入居。お風呂は広く、洗面台は車椅子仕様。もとの和室は解体されていた。

日常生活動作（ADL）　外出時は車椅子を使用しているが、室内ではつかまり立ち歩行が可能で日常生活は自立している。

私が教えている高専の教員から「知人が車椅子対応の公営住宅に当選したけれど、使い勝手が悪そうで入居するか悩んでいると相談された。専門家のあなたを紹介したい」と頼まれ、お会いすることになりました。

M・Iさんは当時30代でした。学生時代に腰髄を損傷され、外では車椅子を使用していますが、室内ではつかまり立ち歩行が可能とのことで、一人暮らしという自立への第一歩を踏み出しかねている状態でした。聞けば、募集要項には「和室の床が40㎝ほど高くなっている」とあったのに、内覧したら床はコンクリート直張りでフラット。市の住宅整備課に嵩《かさ》上げ工事を要望するも断られてしまったとのことでした。

私はまず初めに、彼女と一緒に入居する予定の住宅を見に行き、そこで希望を伺うことにしました。

Before

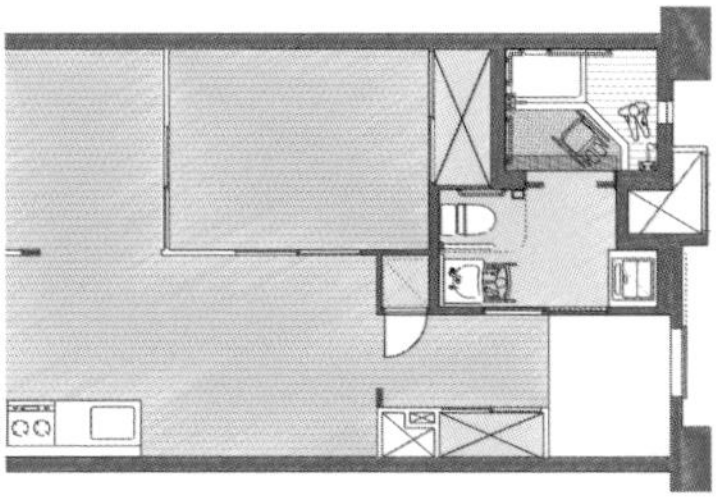

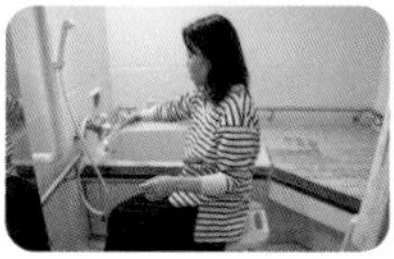

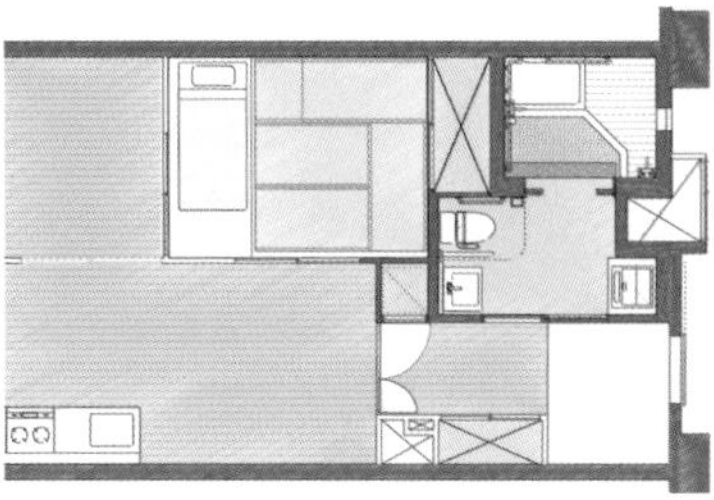

M・Iさんの要望

改修のポイント

M・Iさんの要望		改修のポイント
暖かい和室で快適に過ごしたい	→	☑ ベッドと高さをそろえた和室を造作 ☑ 車椅子からも立位からも乗り移りしやすく
寒くて使いにくいお風呂を変えたい	→	☑ シャワーの位置を変えて寒さを軽減 ☑ 洗面台、トイレを自分に合った使い勝手に
家の中を安全に動きやすくしたい	→	☑ 移動をサポートする手すりを設置
できるだけお金をかけたくない	→	☑ 日常生活用具給付制度を活用する

暖かい和室で快適に過ごしたい

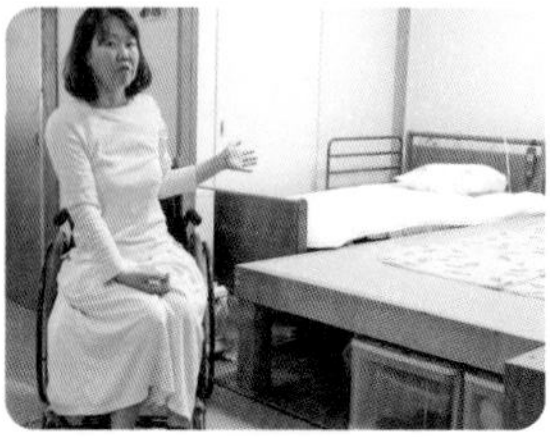

電動ベッドを和室の高さに

Before

コンクリート直張りの床

公営住宅では床は固定しない

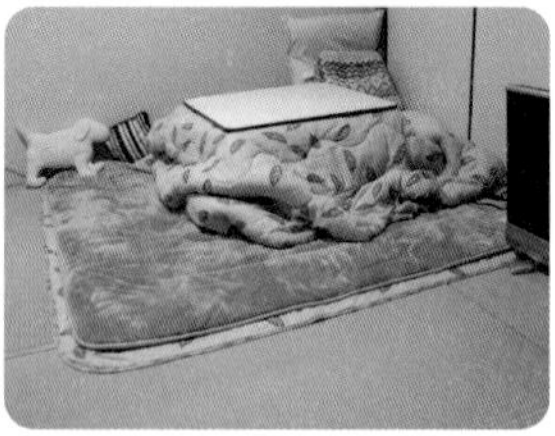

冬場でも暖かい和室の完成

ベッドと高さをそろえた和室を造作

もともとあった和室は解体されて段差はなくなり、床はコンクリート直張りで寒々としていました。M・Iさんの身体状況に合わせて、ここに改めて和室をつくるわけですが、公営住宅なので退出時に原状回復をしなくてはなりません。そこで、嵩を上げるために設置する柱の下にカーペットを敷いて床が傷つかないよう配慮し、撤去しやすいように和室をつくりました。

もとの和室は6畳でしたが、もとに戻すのではなく、あえて畳は4畳半とし、残りのスペースに介護ベッドを置くことを提案しました。ベッドの高さを調節して和室の畳の高さとそろえることで、畳からベッドへの乗り移りは非常に楽に行うことができます。

「足を投げ出してごろんと横になったり、友達が『ここでちょっと昼寝させて』なんて言ってきたり、和室はすごくいいくつろぎのスペースになっています」

さらに和室の効用としてM・Iさんがあげてくれたのが、床

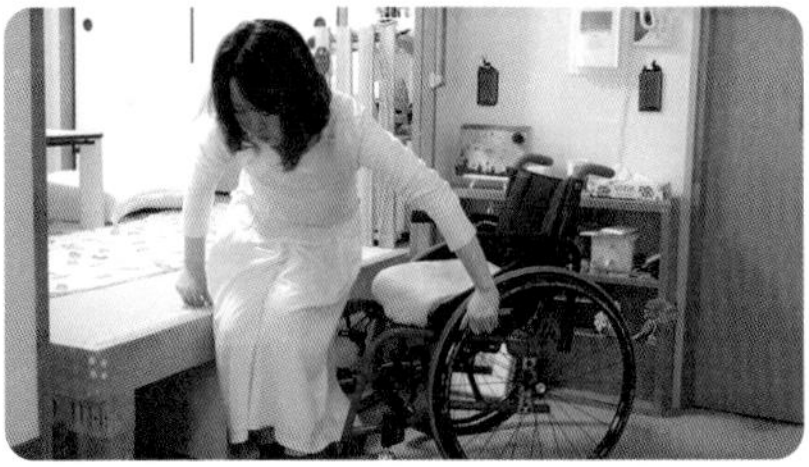

車椅子からの移動
和室を高さ43㎝に施工し、車椅子と高さを合わせる

立位での移動
手すりと踏み台を利用して移動するときのことも考慮

を少し上げて、畳を敷いたことが寒さ対策になっているということ。「この部屋は1階なので、冷気が下から上がってきて冬場はとても冷えるんです。私自身は脊髄損傷によって、寒さや暑さを感じにくく体温調節がしにくい体。ケアが遅れてしまうことが多いのですが、この和室にかなり守られているのは確かで、体調管理の面でも有益だったと思います。同じ車椅子利用者でも状況はみんな違います。私の体に合わせて環境を整えることで、生活の質は全然変わってくるものなのだなあと実感しています」

車椅子からも立位からも乗り移りしやすく

同時に、この和室の高さは車椅子からの乗り移りを考えて、車椅子の高さに合わせて施工してあります。さらに、M・Iさんが家の中ではなるべく車椅子を使わないように生活していることから、立ち上がった状態から和室に入ることも少なくないことを踏まえ、手すりと踏み台を設置。どこからでもアプローチしやすい空間として和室は完成しました。

Before

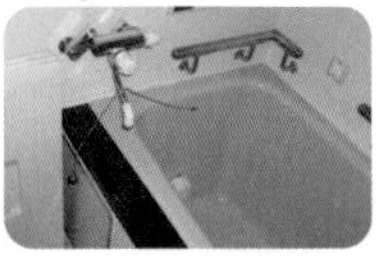

スノコの利用

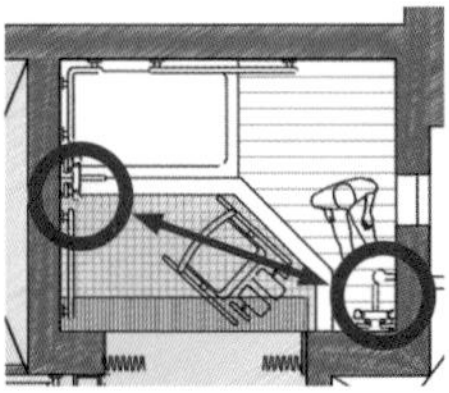

寒くて使いにくいお風呂を変えたい

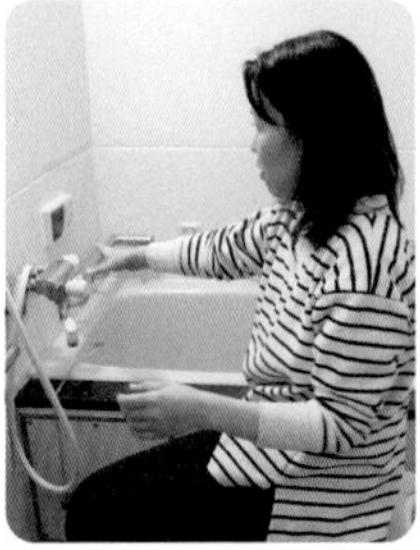

シャワー椅子を使用

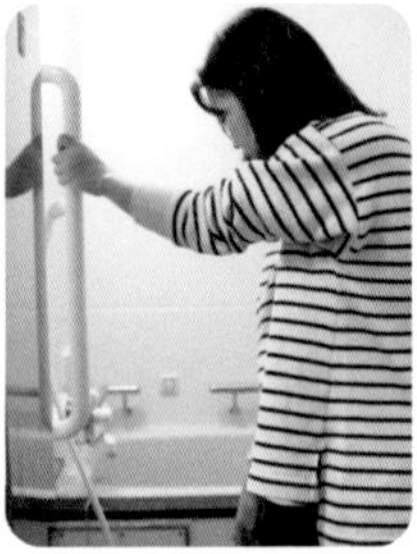

お風呂場の手すり

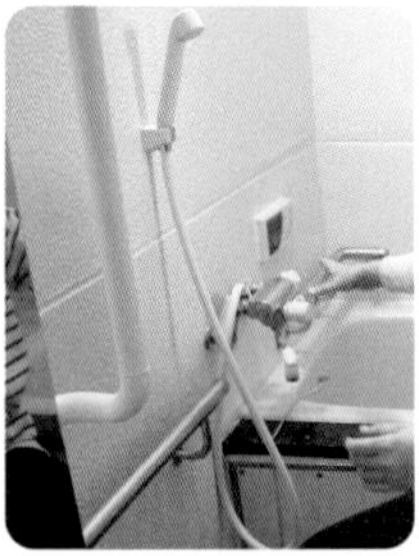

シャワー位置を移設

シャワーの位置を変えて寒さを軽減

浴室には、M・Iさんもかなり不満をもたれていました。もともとのお風呂は、車椅子に対応するためにコンクリートで浴槽を囲み、その浴槽と同じ高さのスノコが設置されているというもの。しかもスペースはやたら広く、シャワーの位置が浴槽から離れたスノコの上にあるので、動線が非常に悪くて寒々しく、とても使いにくそうでした。

多額の費用がかかる大がかりな改修は困難なため、少しでも使い勝手がよくなるように、まずシャワーの位置を浴槽のそばに変更しました。さらに、シャワーを使うときに腰かけるシャワー椅子は、M・Iさんに合った座面が高くて安定感のあるものを、障害者手帳の日常生活用具給付制度を利用して設置することを提案しました。

「シャワーの位置一つ変えるだけで動線が改善し、使いやすくなりました。また、福祉用具を紹介いただいて、安定した姿勢でシャワーを使うことも可能になり、使い勝手はかなりよくなったと思います」

洗面台　立位での利用を考え
一般の洗面台の高さ80㎝に変更

Before

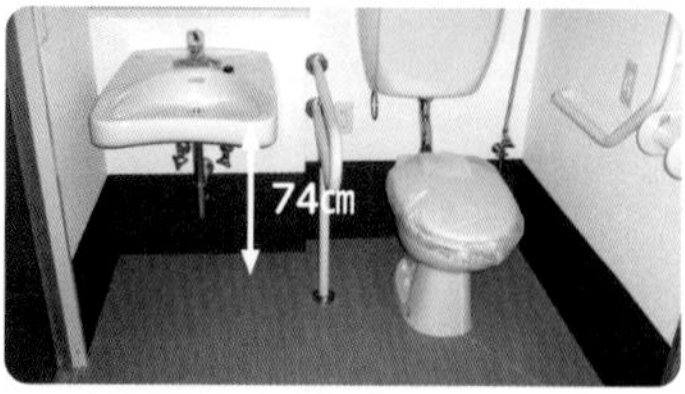

車椅子用の洗面台で高さ74㎝

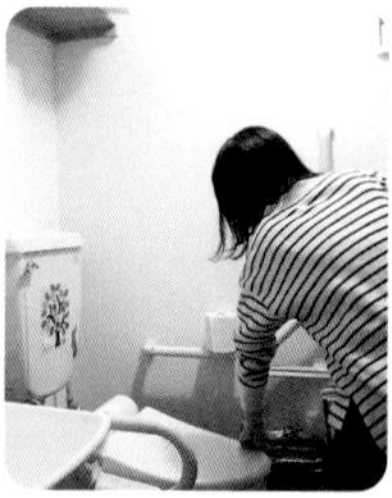

トイレ　排泄に考慮して
温水洗浄便座を設置

洗面台、トイレを自分に合った使い勝手に

トイレはM・Iさんの希望もあり、排泄処理を考えて温水洗浄便座に交換しました。

もとの洗面台は車椅子対応のもので、車椅子に座ったままで使用できるように74㎝の高さに設定してありました。これは、立位で生活している彼女には低すぎて使いにくいだろうと思われました。

そこで彼女とよく話し合って、高さ80㎝の既製の洗面台に交換することに決めました。これにより、おなかや足など体の一部で洗面台にもたれかかりながら、立ったままでの洗面が可能になったのです。

「物理的にすごく大がかりな改修工事をしなくても、いろいろな知恵やちょっとした工夫で乗り越えられる部分というものは意外に大きいということが、この経験を通してよくわかりました。私たち障がい者自身も、最低限必要な工事などちょっとした手直しの方法を知っておくことが、必要なのかもしれません」

家の中を安全に動きやすくしたい

コーナーの手すり

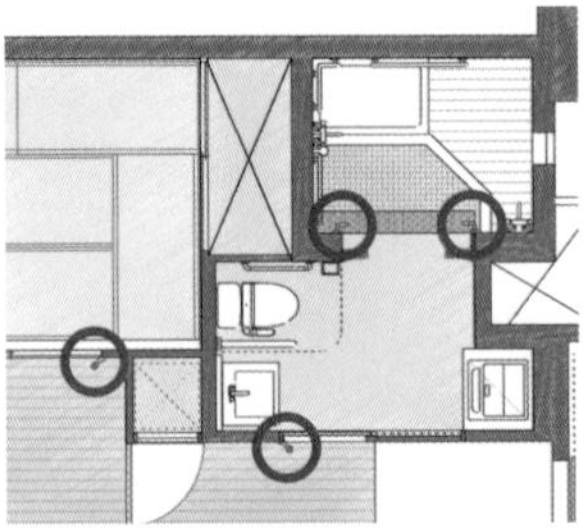
赤丸の位置に手すりを設置

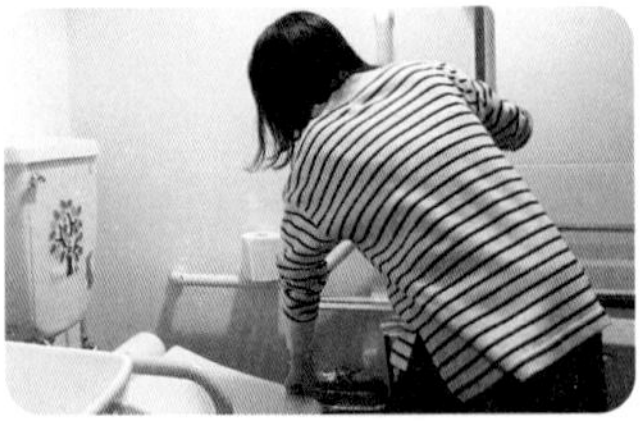
トイレの立ち座り

シャワー椅子の立ち座り

移動をサポートする手すりを設置

歩行が可能なM・Iさんのために、ADLをよく把握し、安全性を十分に考慮したうえで、各部屋に手すりの設置を提案しました。新たに設置したのは、和室の上がり口、お風呂の入り口に2カ所、洗面台の横、玄関の5カ所です。歩行時に軽く壁を触りながら歩かれるM・Iさんには、横手すりは逆に使いにくいため設置しませんでした。

新しい場所で生活を始める場合も、その人にとって何が必要かを探り当てるため、それまでに住んでいた家を見て、一緒に生活していたご家族からもお話を伺うようにしています。今回も、まずご実家に行って家の状況を見て、そこでの動きを確認することを行いました。たとえば「壁がここだけ黒いな」というところがあったら、そこで動いていただく。無意識のうちに壁に手をついて体を支えているのかもしれません。そんなことの積み重ねを通して、ご本人も気づいていないことを探っていく。手すりひとつ取り付けるのにも欠かせないプロセスだと思っています。

Column

M・Iさんから

一人暮らしで得たのは快適な空間と将来への自信

親元を離れて一人暮らしをしようと思ったとき、「車椅子常用者世帯向け住宅」は早い段階から意識していました。手すりをつけるとか、くらしやすく改修するといったことに対して、きっと融通がきくに違いないというイメージをもっていたので。

これが一方的な思い込みだったことに気づいたのは、応募して当選したあとでした。私は「嵩上げした和室」が絶対ほしくて応募要項で確認してから申し込んだのに、それがかなわなかった。嵩上げ工事をお願いしたらできないと言われ、自己負担による工事も却下されました。市の担当者からは「納得ができないのであれば、入居していただかなくても結構です」とまで言われました。でも10年申し込み続けても当選できない人の話も聞くので、この機会を手放したくありません。建築関係の方をはじめいろいろな方に相談したけれど、どうにもなりません。「車椅子常用」をうたっていても、やっぱりこんなものなのか。住宅以外のことでも理不尽なことが少なくないこともあって、あきらめに近い悲しさがこみ上げてきます。

その後、退去時に撤去できる形で嵩上げした和室をつくるアイデアをいただいたことで、問題はようやく解決。私は納得のいく自分の居場所を得ることができました。

住まいというのは不思議なものですね。いろいろありましたが、なんとかつくり上げた自分の生活空間。そのプロセスを通して私が得たものは「自信」でした。私がこういう体だからなのか、そうでなくても同じように感じるものなのか。年齢を重ねるに従って私は漠然とした不安感を抱えていたように思うんです。いずれ親がいなくなったら、どうなっちゃうんだろうって。でも生きていかないといけない。だから実家を出ようと考えました。そして、問題にぶつかりながらも実行に移した。今振り返れば、そうやってきたことが自信につながったのだと思います。

病気で胸髄を損傷されたT・Mさん

筋力の衰えを補うための家づくり

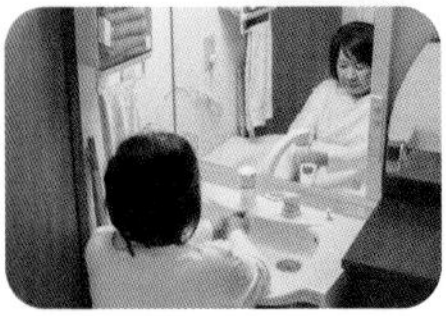

障がいの状況　胸椎のT3～5を損傷される。両下肢の機能は不完全であり立位はできない。排泄に障がいがある。

住宅の概要　地元工務店で木造平屋の車椅子対応住宅を建設。工務店の知識不足などで使いにくい箇所がある。

日常生活動作(ADL)　室内外で車椅子を使用。生活面は自立されているが、現在両肩の腱を断裂し、家事支援を受けている。

T・Mさんは幼い頃に脊椎カリエスという病気にかかって胸髄を損傷され、10代の半ばから車椅子の生活を続けてこられました。いろいろなことにチャレンジされるアクティブで前向きな方で、じつはパラリンピックの金メダリストでもあります。そんなT・Mさんから市役所の障害福祉課を通して改修の依頼を受けたのは20年近く前。同じく車椅子を使われていたご主人が亡くなり、一人で生活を始めるにあたって住まいをくらしやすく整えたいということでした。

お宅は結婚を機に新築されたものでしたが、完成当初から不便さを感じる箇所がありました。それでも若い頃は身体的な能力で不便さをカバーできたものの、年を重ねるにつれて不自由な面が出てきたとのこと。そんなご自身の身体機能の変化を補ってくれる家づくりを希望されました。

Before

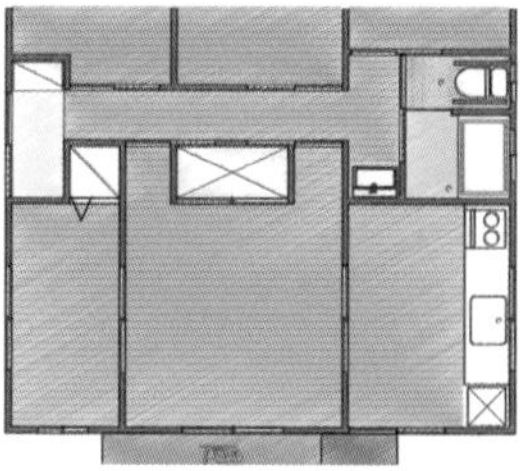

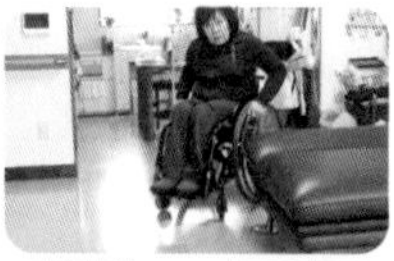

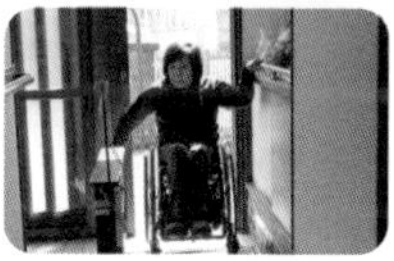

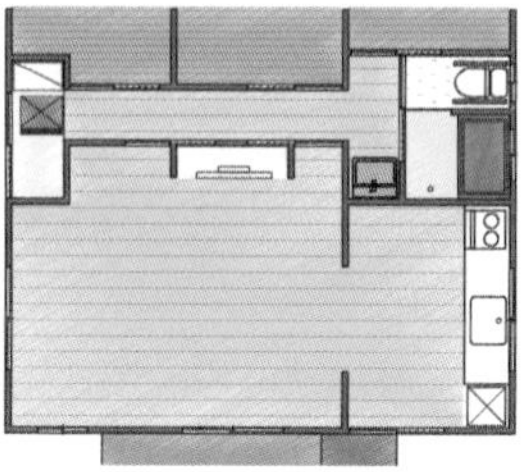

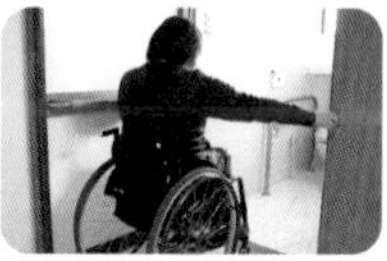

T・Mさんの要望

改修のポイント

T・Mさんの要望	改修のポイント
お風呂の不便さを改善したい	排水口の位置を変えて窓を大きく快適に 金物を取り付けて乗り移りを楽に
使い勝手のいいトイレに変えたい	段差を解消して掃除もしやすく
広々とした部屋で生活したい	リビングを明るく開放的な空間に
楽に出入りできる玄関にしたい	昇降機を設置して外出しやすく
肩の痛みを感じず入浴したい	バスリフトを設置して楽に入浴できるように
ゆったり心地よく眠りたい	セミダブルの多機能電動ベッドを導入

お風呂の不便さを改善したい

排水口を移設

Before

浴槽側に排水口

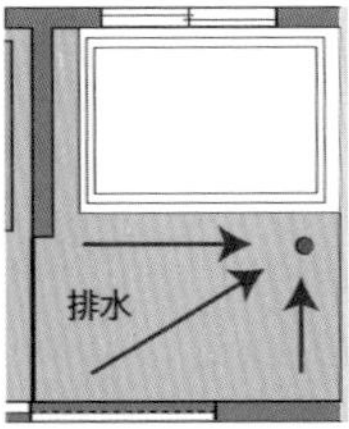

エプロン高は17㎝

窓の鍵の位置を下に設置

エプロンの高さを3.5㎝に

排水口の位置を変えて窓を大きく快適に

特に使いにくさを感じていたのはお風呂です。立位がとれないため、浴槽は床下に埋め込む形で設置されていましたが、洗い場の床面からエプロンの高さが17㎝あり、浴槽への出入りの負担になっていました。そこで改修では、浴槽側にあった排水口を逆側に移動。排水の流れができたことで、エプロン高を3・5㎝程度まで下げ、出入りの負担を軽減しました。

手すりは立位ができる人の使用を想定して設置されていたため、T・Mさんには役に立たず撤去。窓も通常のサッシが使用されていたため、鍵の位置まで手が届きませんでした。「家を建ててから20年以上、一度もこの窓を開けたことがありません」とT・Mさん。窓があるのに開けられない、この状況はなんとかしなくてはと、窓を大きくし、鍵は手が届く位置を測り、下げました。さらに、浴槽はおしゃれな人造大理石製のものを選択。これにより、お風呂は明るく快適な空間に生まれ変わりました。「朝、窓を開けて露天風呂気分でお風呂に入る気持ちよさ、最高です!」

特注して設置したステンレス製金物

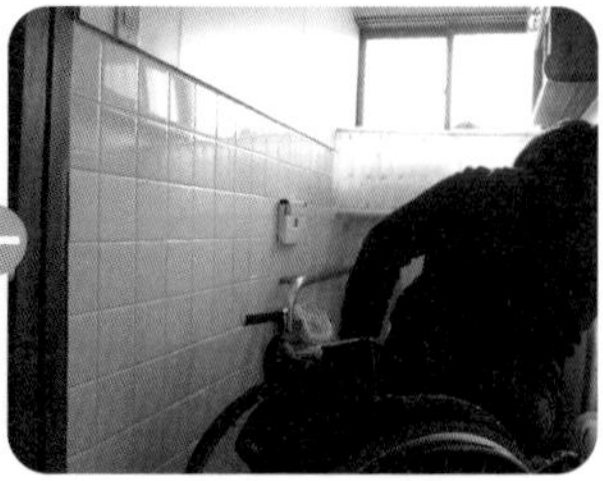

①車椅子から移動

②金物に座る

③体勢を整える

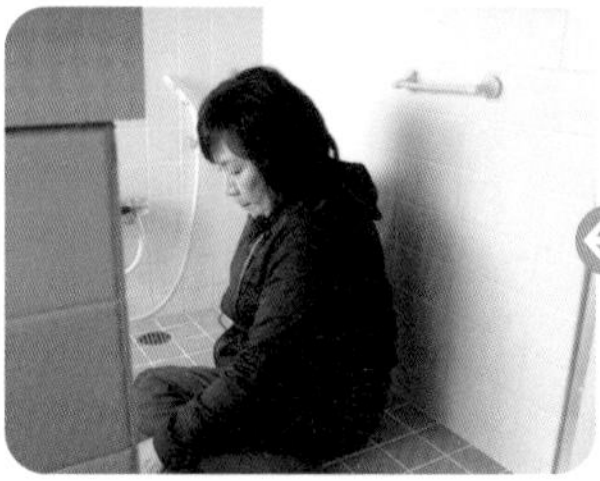

④洗い場に座る

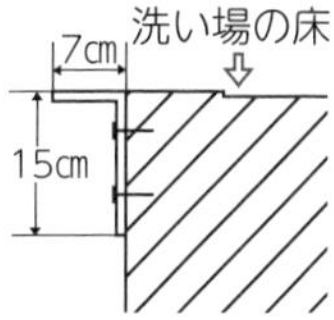

金物を取り付けて乗り移りを楽に

お風呂は、車椅子からの乗り移りを考え、新築時に40㎝嵩上げして施工されていました。実際に乗り移る動作をやってみていただいたところ、車椅子と洗い場の床との間に隙間ができてしまうため、手をつく位置が奥のほうになり、手で体重を支えて乗り移るという動作がスムーズではありませんでした。「もう少し手前に手をつきたい感じでしょうか？」と伺うと、「あと5㎝でもいいから床を出していただけたらいいのですが……」とのことでした。

この要望を受け、ステンレスを特注加工して跳ね出し用の金物を作り、洗い場の床の端に取り付けました。サイズは、隣のトイレへの出入りの際にじゃまにならないように、跳ね出し部分を7㎝にしています。そして金物をL字形に曲げて、壁側に15㎝の長さをとり、強度を確保しました。

「ほんの数センチだけの違いなのですが、洗い場への乗り移りが驚くほど楽になったのを実感しています」と喜んでいただけました。

使い勝手のいい トイレに変えたい

Before

入り口に段差

床の高さを調節

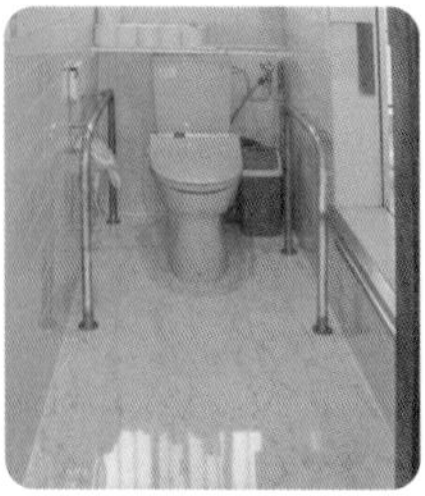

段差を解消

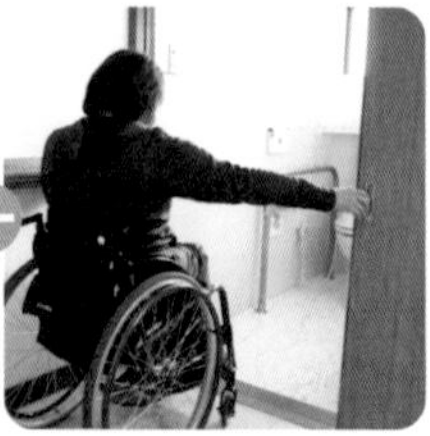

①入り口戸を開ける

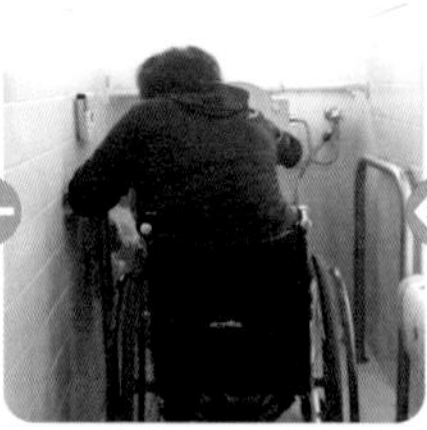

②便器の前へ

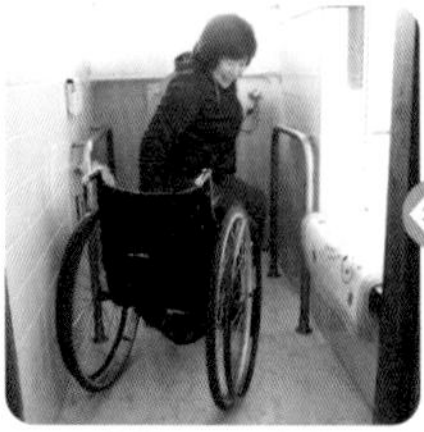

③便器に移動

段差を解消して掃除もしやすく

T・Mさんはとてもきれい好きな性格で、いつおじゃましても室内はすみずみまで掃除が行き届いています。そんなT・Mさんにとって掃除がしやすいことは、住まいづくりの重要なポイントでした。

　トイレはもともと水をまいて掃除ができるように、床面はタイル貼りで排水口が設けられていました。ただ、水を流すために敷居と床面との間には2㎝の段差があり、これが車椅子での出入りや掃除をしにくくしていたのです。T・Mさんによると、これまで水を流して掃除をすることは皆無であったとのこと。そこで、使用されていない排水口は撤去し、タイル面も解体。床組みをして、掃除のしやすい水回り用のフローリング材を施工し、段差を解消しました。

「出入りしやすく、掃除も簡単になりました。隣に住む高齢の母や脳梗塞で体に麻痺が残る兄も、この家のトイレは使いやすいと言ってくれました。車椅子での生活に配慮した住まいは、誰にとってもやさしい住まいなんですね」

広々とした部屋で生活したい

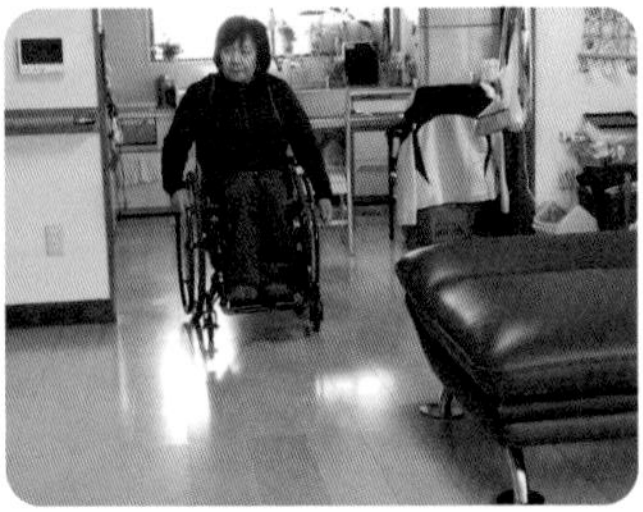

車椅子で過ごしやすく

Before

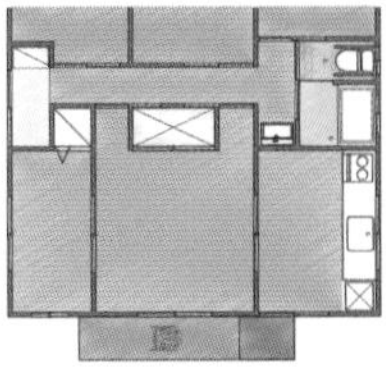

リビング横に仕事部屋

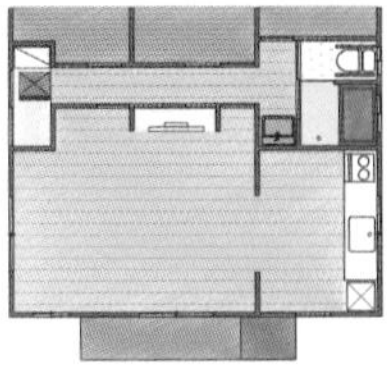

リビングを広げて明るく

リビングを明るく開放的な空間に

使い勝手のよさや掃除のしやすさに加えて、改修で大切にしたのは、居心地のいい空間づくりです。改修前にお宅を見せていただいたとき、亡くなったご主人の仕事部屋が明るい一角を占め、そこに続くリビングは、日ざしが入らず暗い印象を受けました。

ご主人を看取られたあと、お一人で生活を始められるタイミングでの改修でした。そこで仕事部屋をリビングと一体化し、明るくて開放的なリビングをつくることを提案しました。さらにより心地よく住んでいただけるように、フローリング材には白に近いメープルベージュの高品質のものを採用しました。障がいをもつ方は家で過ごされる時間が長いからこそ、そこで過ごすこと自体が喜びにつながるような改修をめざしたのです。

「開放的なリビングは、居心地がいいと友人たちにも大好評です。毎月1回、幼なじみの8人がわが家に集まってワイワイ楽しんでいます」

楽に出入りできる玄関にしたい

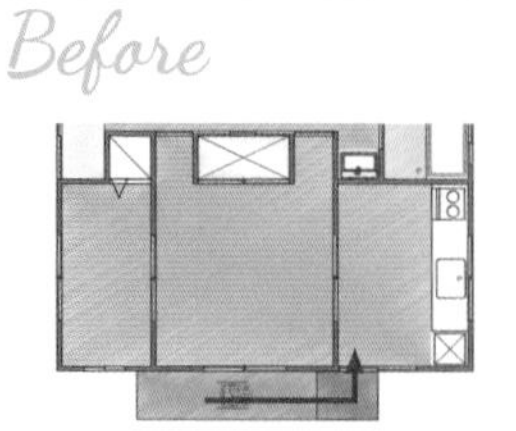

スロープで室内に出入り

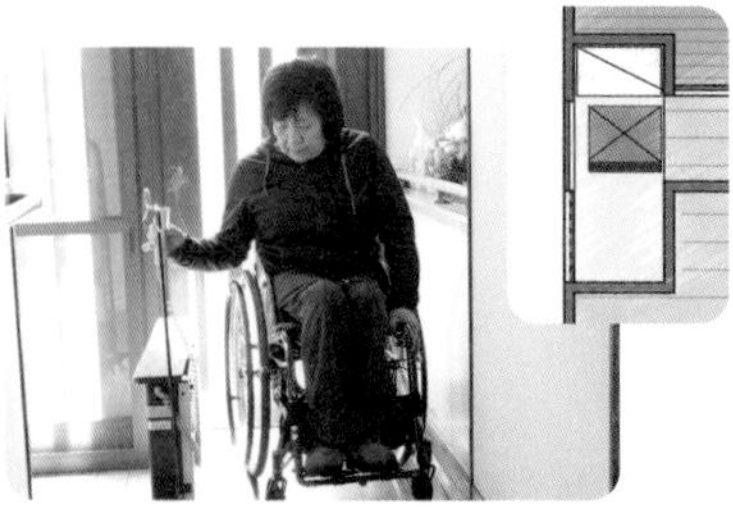
昇降機を玄関に設置

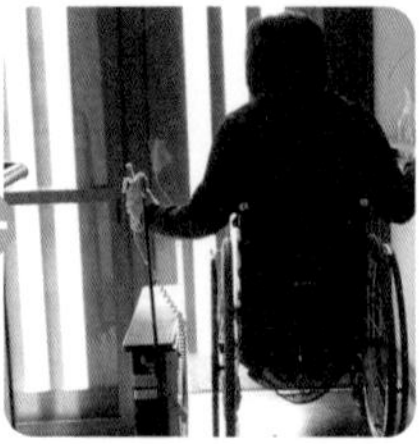
①昇降機に移動

②土間の高さに降りる

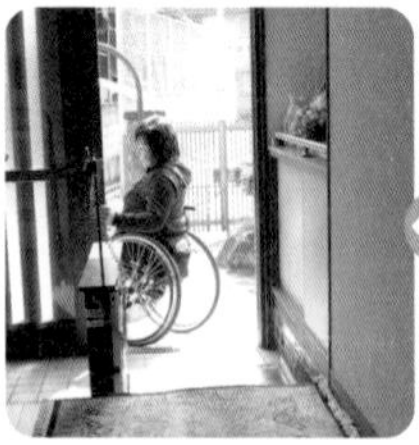
③玄関戸を開ける

昇降機を設置して外出しやすく

T・Mさんはこれまで、家への出入りは勝手口のスロープを使っておられました。しかし、スロープを自力で上がる動作が、年齢を重ねるにつれて負担になってこられたようです。ご本人から、家の全体を見直すにあたって、ここはやはり玄関からも出入りできるようにしておいたほうがいいのではないかというご希望がありました。そこで、車椅子昇降機を玄関に取り付けることを提案しました。

土間スペースである上がり框《かまち》から玄関戸の奥行きを測ったところ、室内型の車椅子昇降機が入ることがわかりました。室内型の昇降機は木目調のデザインで、玄関に置くのに適した機種であり、サイズもコンパクトに設計されています。また、玄関戸までの動きやすさを考えて、固定されていた下駄箱の奥行きに合わせて手すりを設置することにしました。

玄関戸を開ければ目の前はカーポート。どこにでもお一人で車を運転して移動されるT・Mさんにとって、外出しやすい動線になったのではないかと思います。

肩の痛みを感じず入浴したい

①バスリフトに移動

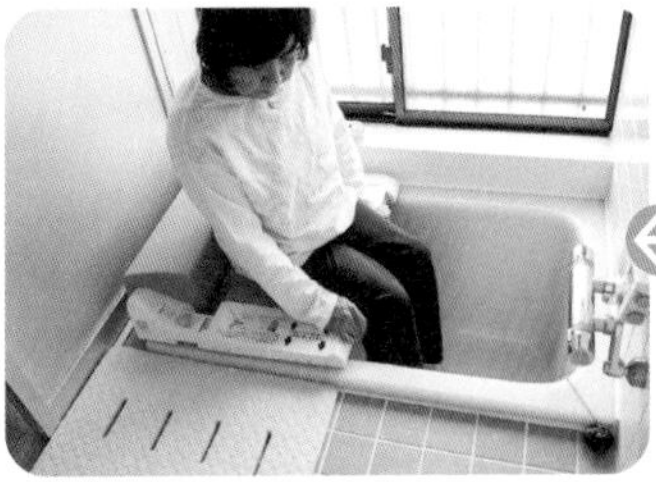
②リフトの真ん中に座る

③リモコンを操作して下に

④リモコンから手を放す

バスリフトを設置して楽に入浴できるように

最初のリフォームが完成した以降もおつきあいは続き、体の状況や環境の変化に応じてご相談を受けたり、ご提案をしたりということを行ってきました。

「以前は簡単にできていたことが難しくなってきた」と伺ったのは、T・Mさんが60歳を超えた頃。車椅子をお使いの方は乗り移りの際などに肩を酷使しがちですが、T・Mさんも肩の腱を断裂させてしまったのです。特にお困りなのは、全体重を肩の筋肉で支えることになる浴槽への出入りでした。

そこで、介護保険でも対応が可能なバスリフトの導入を提案しました。バスリフトはリモコン操作で上下でき、浴槽の底で自動的に止まります。デモで試し、スムーズに使用できることを確認したうえで導入を進めました。「痛みをとる治療はしているのですが、浴槽から出るときに肩に力を入れなくてはならないため、入浴で肩を悪化させているような状態でした。バスリフトを使ったらすごく楽になり、本当によかったと思います」

ゆったり心地よく眠りたい

ベッドの高さを変える

ベッドに乗り移るときは36㎝

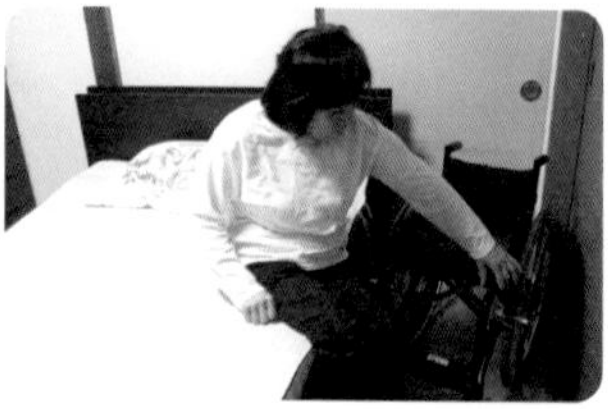
車椅子に乗り移るときは44㎝

セミダブルの電動ベッド

操作用リモコン

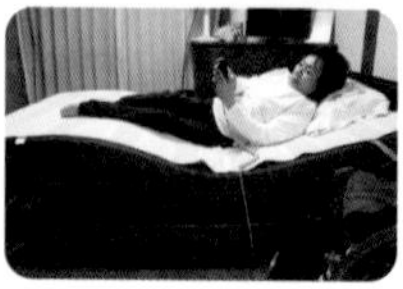
快適なポジション

セミダブルの多機能電動ベッドを導入

もう一つ導入したのが、高さ調節ができる電動ベッドです。車椅子の高さは40㎝、それまで使っていた木製ベッドの高さは45㎝。そのため車椅子からベッドに乗り移るときに肩に大きな負担がかかり、痛みを感じておられました。

導入にあたり私は「介護保険を使えば金銭的負担は少なくてすみますが、ご自身の生活スタイルに合った電動ベッドをレンタルではなく購入されたらどうか」と提案しました。というのも、それまで使用していたのはセミダブルベッドであるのに対し、介護保険で借りられるのはシングルベッドだけだったからです。また、介護ベッドの多くはベッドの端に転落防止用の柵を立てて使うタイプなのですが、T・Mさんに柵は不要でじゃまになるだけでした。

人生の3分の1は睡眠です。睡眠の質に対する関心度が高まり、各メーカーがセミダブルの電動ベッド製品を強化していて種類も豊富ですので、一度体感されるのもおすすめです。「広いベッドは本当に快適で、購入してよかったです」

Column

T・Mさんから

体の変化に合わせて改修し 年齢を重ねてもくらしやすく

結婚を機に車椅子で生活するための家を建てました。主人も車椅子利用者なのですが、当時は車椅子の夫婦が二人だけで生活するということがまだまだ少なかった時代。施工をお願いした地元の工務店さんにはノウハウがなかったですし、私たちにも知識がなかった。それに打ち合わせも不足していました。なので生活を始めてみたら、いらないところに手すりがついていてじゃまだったり、段差や隙間が使いにくかったり……と、あちこちに不都合が出てきました。それでも若い頃はなんとかなったのですが、こちらの身体能力が落ちてくると、不便だなと思うことがだんだん増えてきました。

それで、夫が亡くなり一人で生活を始めるタイミングで、家を使いやすくしようと改修に踏みきり、お風呂やトイレを改修し、玄関に昇降機を取り付け、リビングを明るく広くしました。

その最初の改修からもう 20 年近くになります。年齢をさらに重ねるなかで以前できていたことができにくくなり、住まいに求める機能も変わってきました。

つい最近も肩を痛めてしまい、お風呂の湯船から上がるときに感じる肩への衝撃がつらくてたまらなくなりました。もちろん、お風呂であれば入れてくださるサービスがあります。でも、誰だって、できることならすべてのことを自分でやりたいんです。障害をもっていたってそれは同じ。私はお風呂に自分で入りたい。だからバスリフトを導入しました。

立つことのできない私には、高いところにあるものをとることはできません。それは誰かに手伝っていただかないとならない。でも、バスリフトを使えば、肩を動かせなくてもお風呂に一人で入ることはできます。これからも体の変化に合わせて、便利な装置を使ったり住まいを改修したりしながら、できる限り自分で生活していきたいと思います。

仕事中の事故で頸髄を損傷されたT・Yさん

退院後の不安を解消するための家づくり

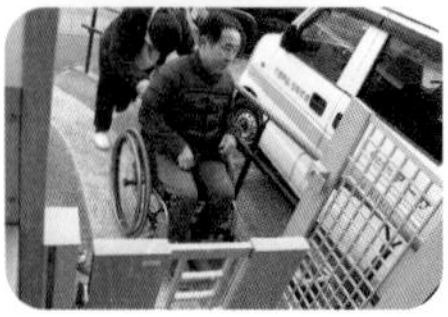

障がいの状況　頸椎のC5～6を損傷。両下肢麻痺と感覚喪失、起立性低血圧、体温調整の障がい。握力は7程度。

住宅の概要　バリアフリー設計の木造2階建て住宅だが、お風呂が2階にあり、手すりなどの設備はなかった。

日常生活動作（ADL）　室外・室内とも車椅子を使用している。生活面は自立されているが、入浴時や外出時は介助が必要。

T・Yさんは私の大学の後輩。OB会で知り合って意気投合し、20年来のつきあいになります。障がいのある人の施設の施設長として働いていた彼が、仕事中の事故で頸髄を損傷したのは5年前。53歳の働き盛りでした。突然、両下肢の麻痺と感覚喪失に見舞われてしまったのですから、退院後のくらしへの不安は非常に大きなものになると推測できました。

私は入院中から何度もお見舞いに行き、その後リハビリ病院に移ってからは、リハ室まで行って体の動きを確認し、セラピストとも話をし、さらに自宅の状況を見せてもらいました。

「自分でトイレに行けるようにすることと、2階にあるお風呂を使いたい」とリハビリに励む姿を間近で見て、彼の日々の頑張りに私が元気をもらうことも。だからこそ安心して退院できる環境を整えてあげたいと強く思いました。

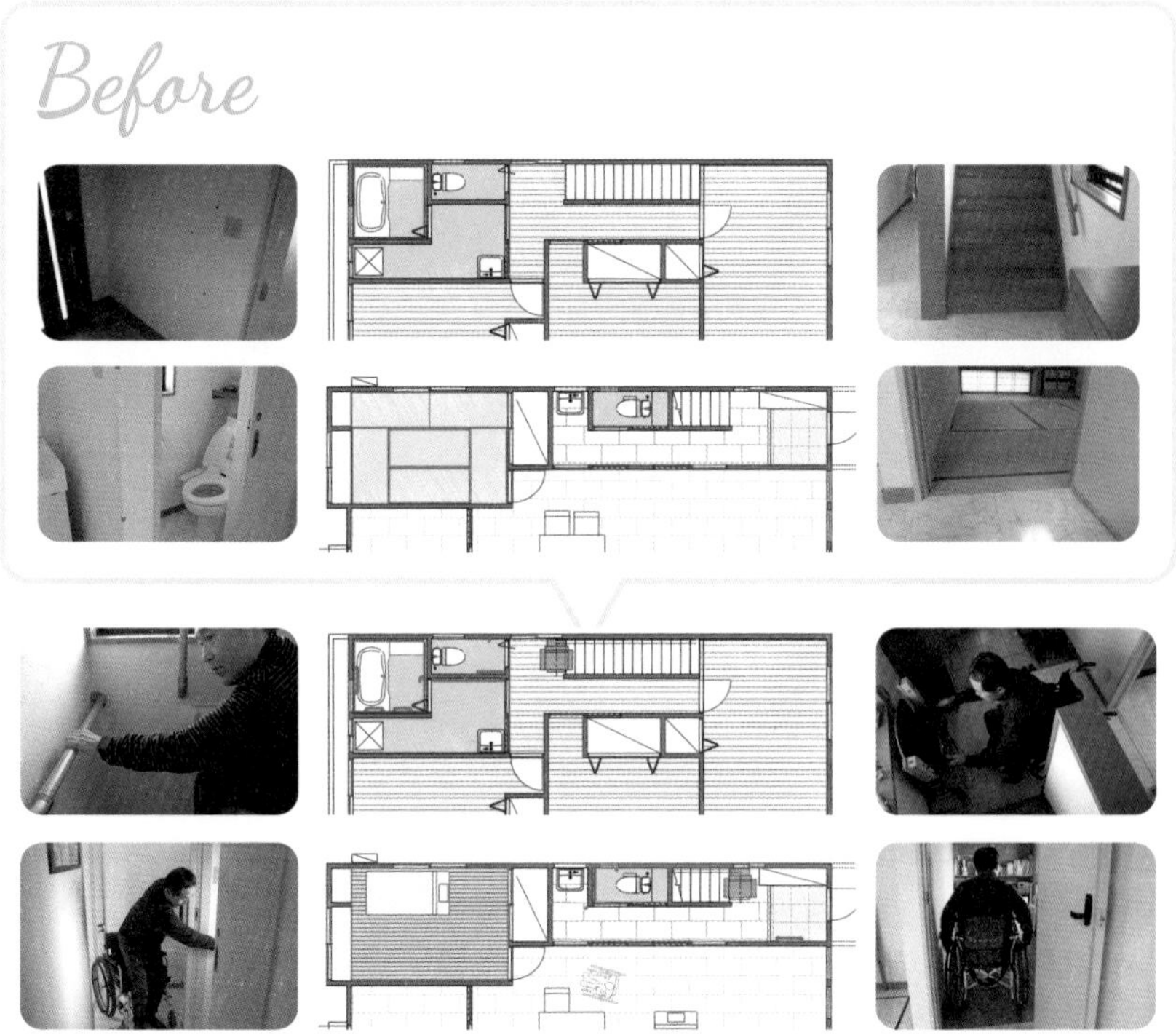

T・Yさんの要望

改修のポイント

T・Yさんの要望	改修のポイント
2階にある お風呂を使いたい	☑ 階段昇降機で2階への移動を可能に ☑ 学習椅子に乗り移ってお風呂へ
毎日の生活の質を上げたい	☑ 洋室に改修して 車椅子でも使いやすく ☑ 家で過ごす時間を 充実させるための工夫
自立して くらせるようにしたい	☑ 移動をサポートするための 手すりの設置

2階にある お風呂を使いたい

階段昇降機を設置

Before

洗面とお風呂

階段上のホール

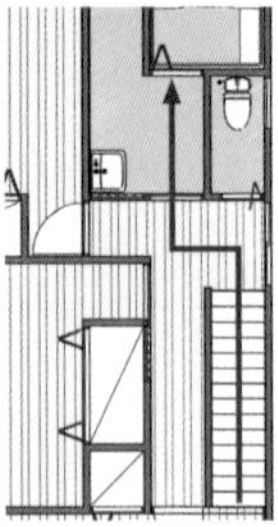

2階のお風呂へ

階段昇降機で2階への移動を可能に

2階に上がる方法には、箱形のホームエレベーターを設置する方法と、階段昇降機をつける方法の二つがあります。ただ、エレベーターは設置スペースの問題と費用面で、一般のご家庭の現実的な選択肢にはなりにくいのが現状です。リハビリの成果でT・Yさんは、半年間の入院期間中につかまれば立位をとることができるようになっていました。これなら車椅子から階段昇降機への乗り移りが可能になります。私は迷うことなく階段昇降機の設置をすすめました。

「2階まで行けるのかどうかが入院中もずっと不安でしたが、階段昇降機のことを聞いたとき、ああ、これがクリアできるなら、家に戻ってもなんとかやっていけそうだとほっとしました」

その一方で、彼と話し合ったのが、2階にあったT・Yさんの居室を1階に移すことです。階段昇降機をつけるのだから居室は2階のままでいいのでは、と考える方もおられると思います。でも、2階にはお風呂もトイレもあります。これ

1階から2階へ

①車椅子から乗り移り

②リモコン操作で2階へ

③2階で椅子を回転させる

2階ホールからお風呂へ

④学習椅子に乗り移り

⑤椅子で移動

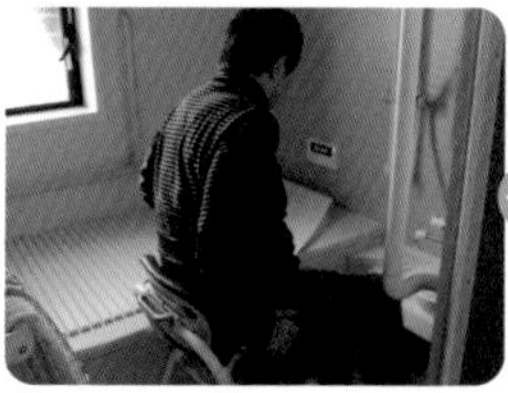

⑥シャワー椅子に乗り移り

で居室まで2階にあったら、T・Yさんを一日中、2階にこもりきりにさせてしまうことにもなりかねません。リビングがある1階に居室を移せば、自然に居室と広く明るいリビングを行き来しながら過ごすことになり、家での彼の時間はずっと豊かになるはずです。

学習椅子に乗り移ってお風呂へ

さて、階段昇降機で2階に上がったあと、お風呂への移動はどうするか。病院ではシャワーキャリーを使って移動し、そのまま入浴していました。家でも使うことを検討しましたが、T・Yさんの「大きすぎて置き場がない。介護用品然としたものを増やしたくない」という要望もあり、ほかの選択肢を探すことに。結局選んだのは、家にあった小回りのきくキャスター付き学習椅子でした。これでお風呂まで移動し、中に置いたシャワー椅子に移って入浴します。乗り移りの回数は増えますが、濡れたシャワーキャリーのあと始末が不要というメリットもあります。

毎日の生活の質を上げたい

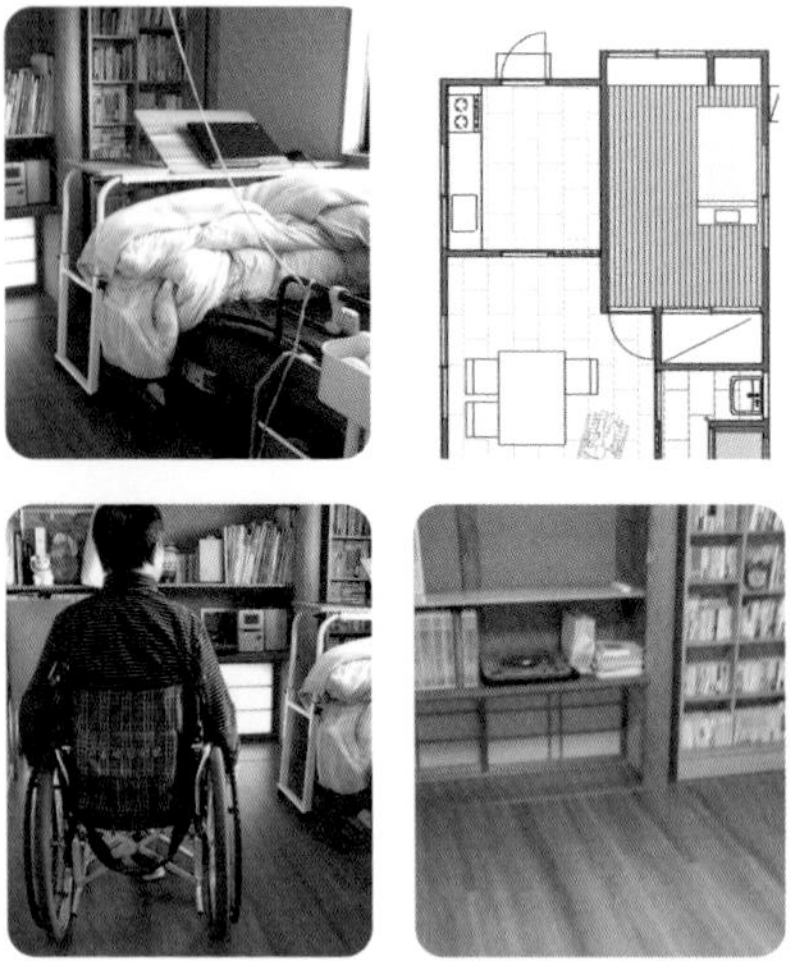

フローリングにして車椅子の出入りを楽に

Before

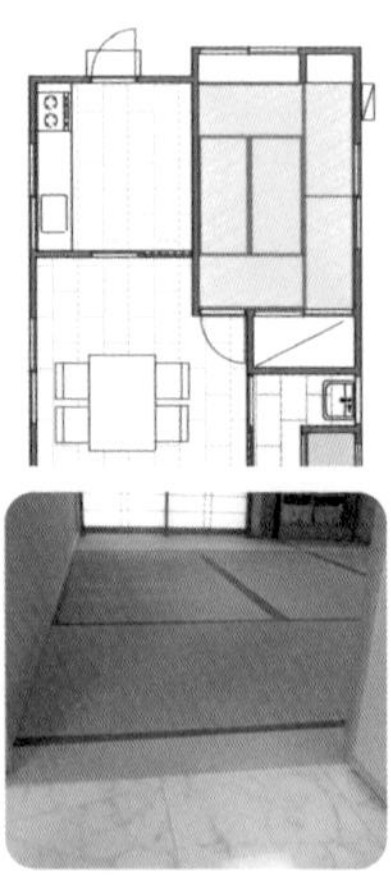

段差のない和室

洋室に改修して車椅子でも使いやすく

居室を1階に移すにあたり、リビングに続く和室の畳を取り払って洋室にリフォームし、そこに介護ベッドを入れて寝室にしました。寝室を一歩出れば、そこは開放的な吹き抜けをしつらえた広々とした明るいリビングです。

奥さまが働いているため、彼は日中この家で一人で過ごすことが多いのですが、だからこそ、家の中でいちばん居心地のいい空間で過ごしていただきたいと考えました。そのためにも、寝室はリビングにできるだけ近いところに設けなければならなかったのです。

家で過ごす時間を充実させるための工夫

頸髄を損傷された方は、自律神経へのダメージから起立性低血圧が起こりやすくなります。T・Yさんも体を起こしている時間が長くなると一気に血圧が下がってしまうため、いつでも横になれる場所を確保する必要がありました。もちろ

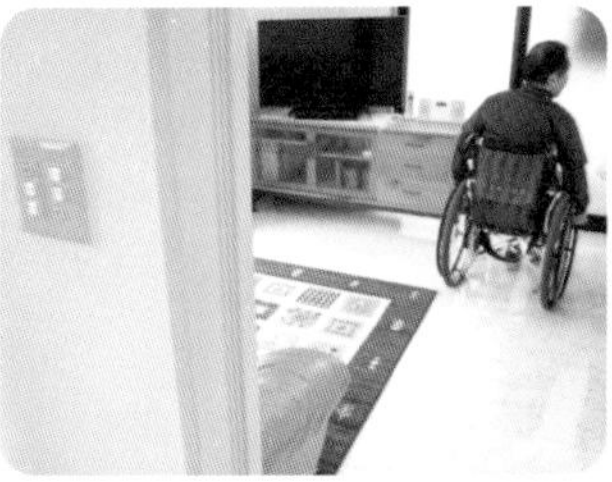

日中は明るいリビングで過ごす

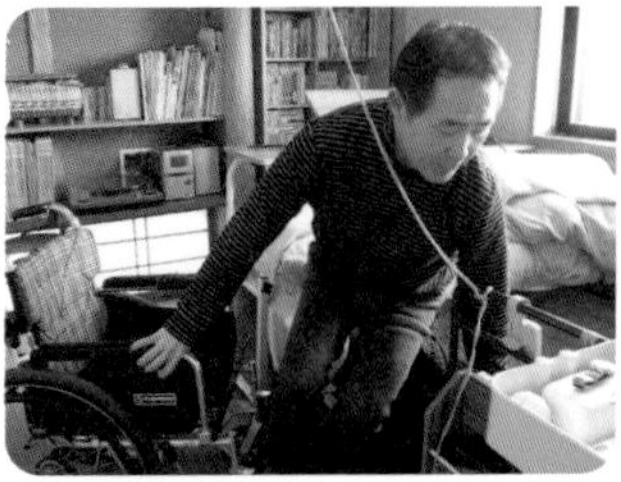

車椅子からベッドに乗り移り

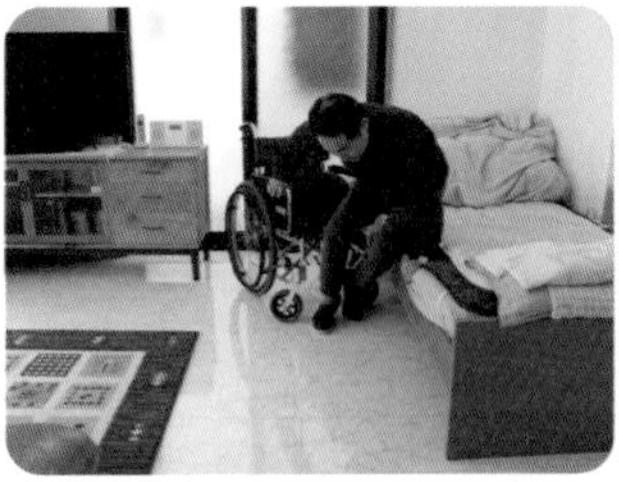

リビングにも簡易ベッドを設置

ベッドでのパソコン操作

ん寝室のベッドに横になることもできるのですが、日中はできるだけリビングで過ごせるようにしたい。夜は寝室で休み、日中はリビングで過ごすというリズムをつくれれば、それは体にとっても心にとってもいいはずです。彼から「リビングにソファベッドを設置しようと思うのですが」と相談を受けたので、あと押ししました。「おかげで昼間はほぼリビングで過ごせるようになり、生活にメリハリができました」

また、「横になったままパソコン操作をしたい」との要望を受け、高額な福祉機器ではなく、市販のテーブルなどで使えるものはないかとネットで調べ、これはという商品を伝えました。寝た姿勢で打ちやすい角度にパソコンを固定できるので便利に使われているようです。現在は「外の空気が吸いたい」という願いをかなえるべく、リビングに掃き出し窓をつくろうか、スロープをつけようか、と話を進めているところです。

障がいをもつ方々にとって住まいの重要性はとても高く、ときに生活のすべて、生きていく環境そのものにもなります。そして、そこでの生活の質を高めるものは、このように本当にささいなことなのです。

自立してくらせるようにしたい

玄関の手すり

お風呂への移動

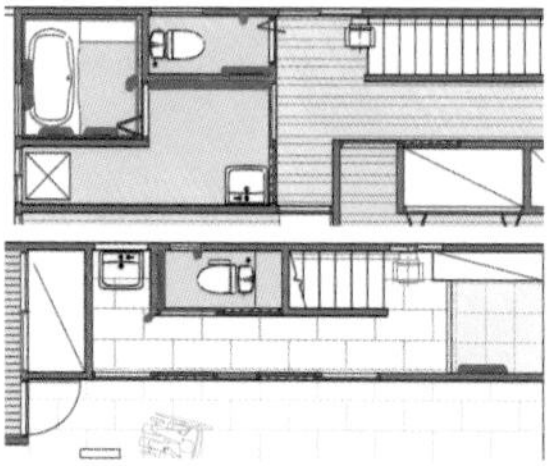
赤印の位置に手すりを設置

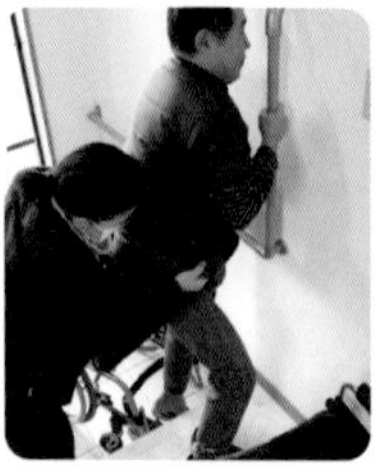
玄関で外用車椅子に

トイレへの移動

トイレの立ち座りで使用

移動をサポートするための手すりの設置

脊髄損傷の方は自力での排尿が困難なため、大半の方は退院までに尿道口からカテーテルを挿入し、人工的に尿を排出させる「導尿」の訓練を受けます。T・Yさんも訓練を受けたのですが、尿意があるので導尿をせず退院することを決めました。日中、一人で過ごすことになるため、ポイントは一人でスムーズにトイレに行けるようにすることでした。

トイレの自立のために、立位がとれて握力が少しあるT・Yさんにとって、住まいは今の力を引き出すものであるべきだとの考えから、大きな改修や手厚いサポートを考えるのではなく、既存のトイレに手すりの設置だけで進めることにしました。そこで、車椅子から便器への乗り移りについては、体の軸を回しやすいように入り口の角に、トイレ内では体の動きを考えて立ち座りが安定する位置に手すりを設置しました。

一方、お風呂と玄関にも手すりを設置しましたが、これはご本人が手すりをつかむことで介助負担を減らすのが目的。できることをできるだけすることで、介助者が楽になるのです。

Column

T・Yさんから

自分の力を最大限に引き出してくれる家

仕事中の事故で頸髄を損傷し、7カ月間入院しました。胸から下の感覚がなくなり、体が動かなくなった自分が退院後、自宅でどんなふうに生活していくことになるのか、イメージがわかず、不安だけがふくらんでいきました。自宅に戻ったら、自分はいったいどんなふうに過ごすことになるんだろう。

そんななかで僕は、できる範囲で情報収集を開始。自分でトイレに行けるのか、お風呂に入れるのかといったことがやはり切実な問題だったのですが、そこがなんとかなりそうだと思えたとき、ようやくひと息つけたというか、次にいけそうな気持ちになりました。障がいをもった僕の生活を便利に快適にするための機器や設備は、思ったよりもいろいろあるんだということは、安心材料にはなったけれど、ただ、それらを使っている自分はやっぱりイメージできないんですよ。それでも退院の日がやってきてしまって、わからないまま家にとりあえず帰ったという感じに近いかな。

僕は障害のある人とかかわる仕事をずっとやってきたので、ある程度は当事者の気持ちが理解できているつもりでした。でも、本当のしんどさはあまりわかっていなかった。自宅に戻って思い知らされたのは、事故で僕が失ったのは、体の機能の一部だけじゃなかったということでした。体が動かない僕は、何をするにも誰かの手を煩わせることになります。だから、何をするにも事前にお伺いを立てなくちゃならない。つまり僕は、事故に遭ったことで自己決定権を失ってしまった。それがなによりもストレスになるということを、当事者になって初めて知りました。

もちろん、どうしても一人でできないことは、助けてもらうしかありません。でも、自分でできることはできる限り自分でやりたいし、できることを少しずつでも増やしていきたい。住まいの設備や便利な機器の力を借りて、それができる環境をつくっていけたらと思います。

脳性麻痺の方のくらしと家づくり

できることを増やしてくらしを豊かに

脳性麻痺の方の身体状況はさまざまで、知的を伴う重複の障がいの方も多くおられます。

Y・Mさん姉妹は3人兄弟で、しっかり者の姉は面倒見もよく明るい性格で、笑顔がかわいいシャイな妹は、お姉ちゃんの後ろにいることも多かったです。今は就労継続支援B型のサービスを利用して、自分が行きたい作業所に通っています。

K・Iさん兄弟は、クールでしっかり者の兄と、明るく自己主張がはっきりしている弟の二人兄弟で、ケンカもしますが仲よしです。たくましく成長したお二人は生活介護のサービスを利用して、日中をお友達と楽しく過ごしています。

R・Mさんは、お母さんと二人暮らしでしたが、お母さんが病気で体調を崩して入院して帰宅が困難になり、一人暮らしを始めることになりました。彼女はとても明るく笑顔がキュートな女性で、ヘルパーさんとも仲よしです。

脳性麻痺のご家族からの相談は、今まで抱えて介助していたのに、思春期の体の成長とご自身の体力の衰えを自覚される時期が多いです。家づくりでは、ご本人のできることを確認して形にすることが介助負担の軽減にもつながります。

Y・Mさん姉妹

杖歩行で室内を移動

家の中での生活の不安を解消して、安心して生活できるように家づくりを考える。

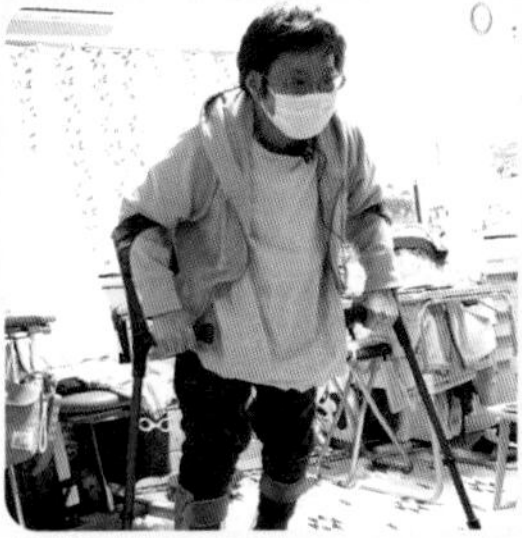
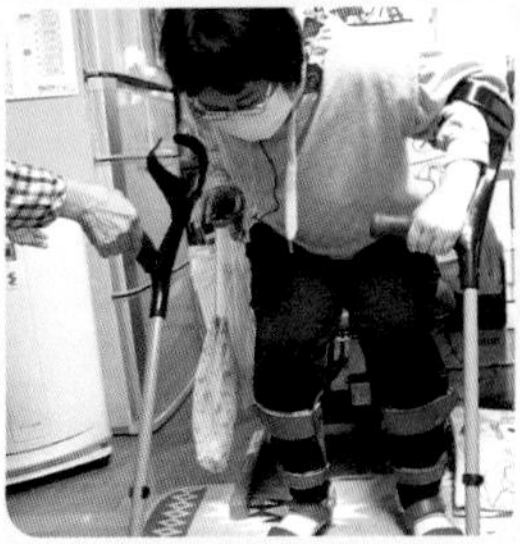

K・Iさん兄弟

いざりで室内を移動

これからの生活を見据えて、子どもの成長に伴う介助負担の軽減を軸に、家づくりを考える。

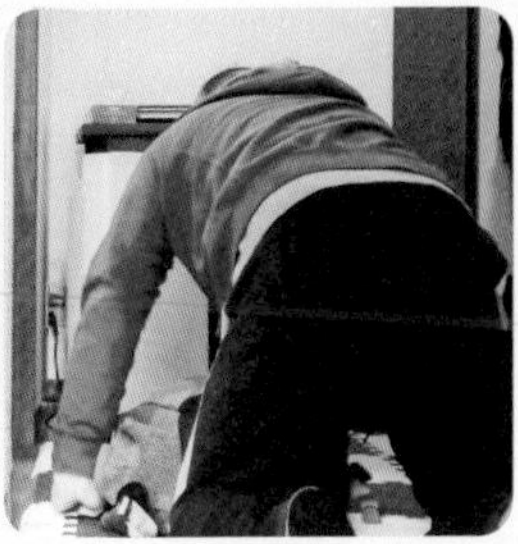

R・Mさん

車椅子で室内を移動

一人暮らしを支えるヘルパーさんの介助軽減と、部屋の広さを確保するための家づくりを考える。

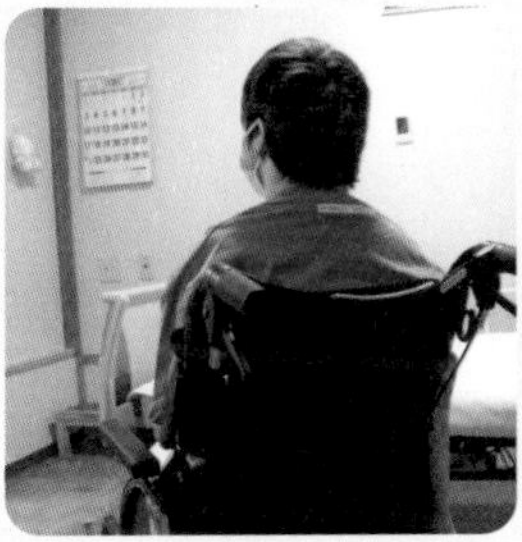
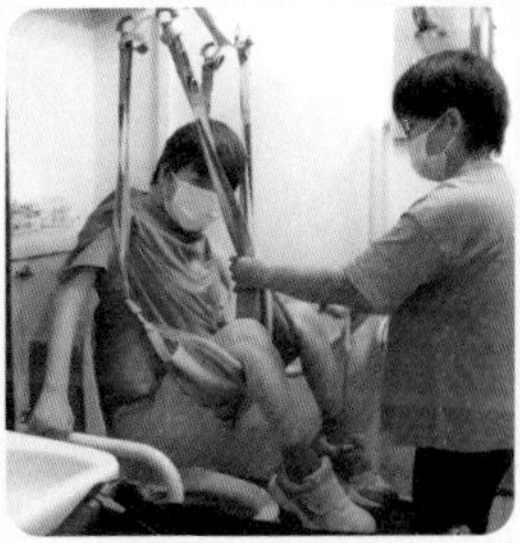

杖歩行のY・Mさん姉妹

動きやすく楽しくくらせる家づくり

障害者手帳	脳性麻痺による体幹機能障害。第1種1級。療育手帳A（重度）。 ※姉妹とも同じ
住宅の概要	建売で購入した木造の２階建て。各部屋やトイレ、お風呂にも段差がある。
日常生活動作（ADL）	杖歩行でトイレは自立、入浴は家族が介助。作業所の送迎車までヘルパーが介助。 ※姉妹とも同じ

Y・Mさん姉妹と出会ったのは、お姉さん23歳、妹さん13歳のときでした。お二人とも脳性麻痺のため、室内では体重を杖全体で受け止めやすいクラッチ型の杖を両腕に装着して歩行されていました。住まいは各部屋の入り口に段差があり、杖歩行されるお二人にはバリアとなり、つまずくこともあったようです。それでも、体の柔軟性もあったお二人は親御さんのサポートでやりくりされていました。ところが、お姉さんの体幹に変化が生じ始めて階段の上り下りがしにくくなってきたり、ご両親も体力的な衰えを感じられる年齢になったことで市役所に相談され、私のところに話がありました。

ご自宅に伺った日が姉妹との初対面となりました。お二人からいろいろなお話をお聞きして、実際に動いている様子もしっかり見せていただき、家づくりがスタートしました。

Before

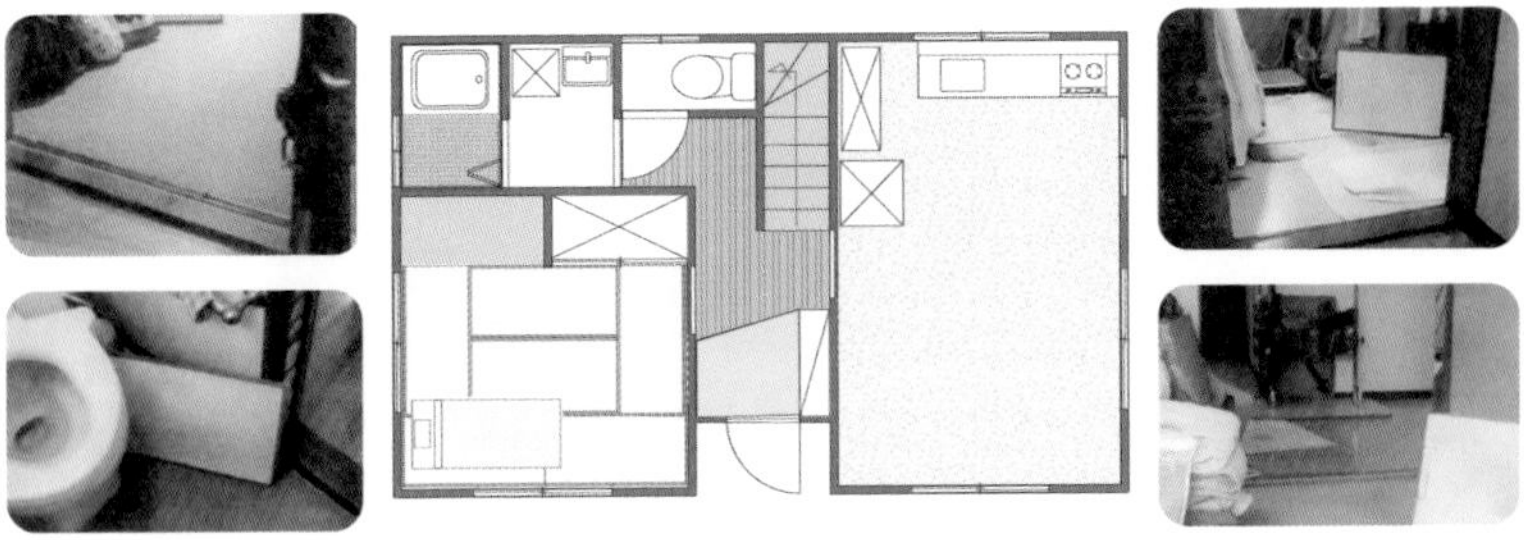

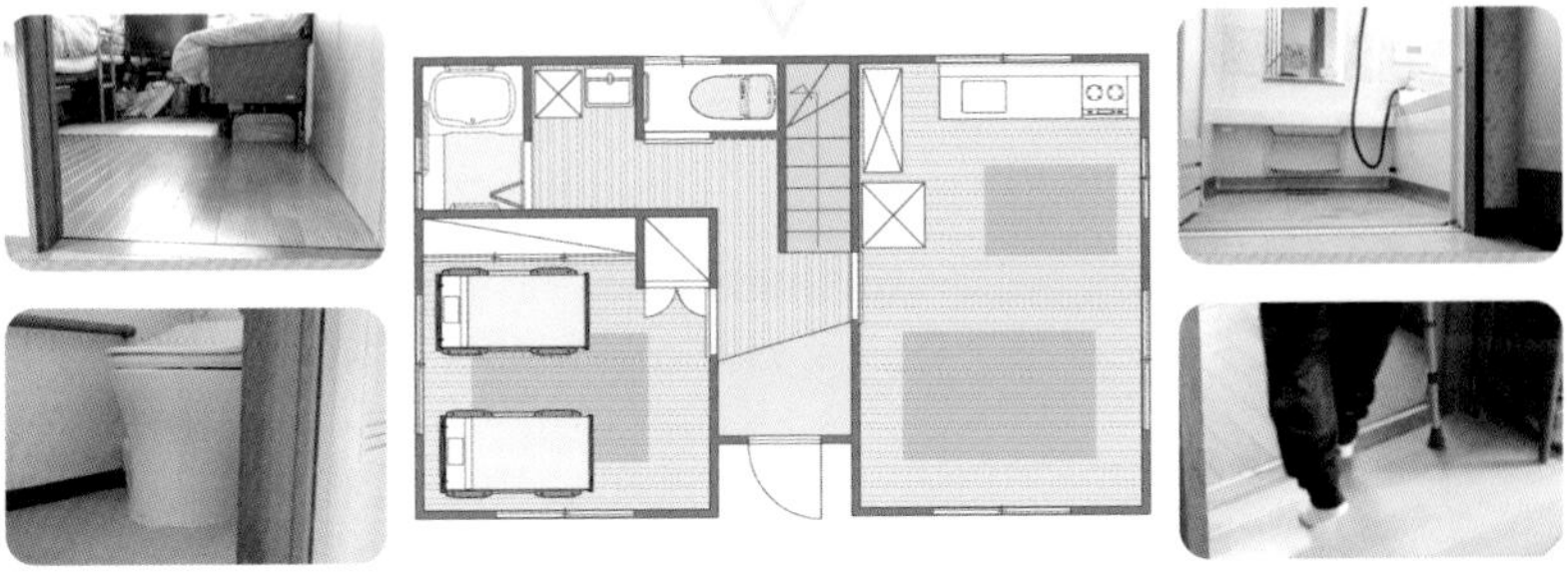

Y・Mさん姉妹の要望

改修のポイント

Y・Mさん姉妹の要望		改修のポイント
段差をなくして動きやすくしたい	→	杖での移動を考えて段差を解消
1階での生活を快適に過ごしたい	→	床暖房を導入して和室を洋室に
トイレやお風呂に行きやすくしたい	→	使い勝手を追求したトイレとお風呂の改修
外部アプローチを安全にしたい	→	姉はスロープ、妹は踏み台を設置
補装具を楽に着脱できるように	→	電動式昇降座椅子を活用した工夫

段差をなくして動きやすくしたい

Before

LDKの段差

和室の段差

敷居を基準に床上げ

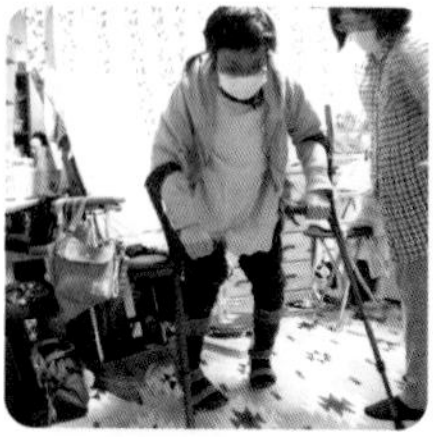

床上げしたLDK

入り口の段差を解消

床上げした廊下

和室から洋室に改修

杖での移動を考えて段差を解消

住まいは、地域の工務店が手がけた建売住宅で、すべての部屋に少しずつ段差がありました。これは、バリアフリーという概念が浸透する以前に建てられた住宅としてはごく標準的な施工です。

ところが、たとえわずかな段差でも、特にお姉さんにとっては大きな問題でした。脳性麻痺の方の場合、年齢とともに体幹のバランスが悪くなっていくことが多いのですが、お姉さんは杖歩行をするときも体をかなり前かがみにしないとならない状態。足が上がらないため、移動はすり足となり、わずかな段差でも引っかかる危険がありました。

そこで、各部屋の段差を解消するために、居室とＬＤＫの敷居を高さの基準に設定。玄関ホールから廊下、各部屋の床を嵩上げして基準にそろえることで段差をなくし、1階の床がすべて同じ高さになるようにしました。「不安なく、行きたいところに移動できるようになり、娘たちも快適に過ごせています」（お母さん）

1階での生活を快適に過ごしたい

居室を2階から1階に移動

床暖房で足元から快適に

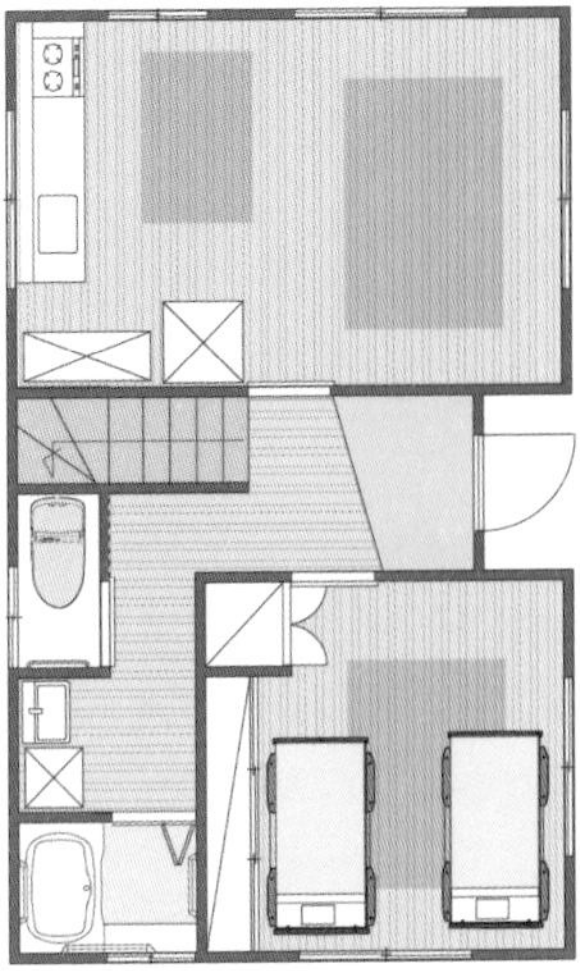

部分は床暖房

洋室にして電動ベッドを設置

床暖房を導入して和室を洋室に

今回の改修のもう一つのポイントは、2階にあった姉妹の居室を1階に移したことです。1階の和室の押入れを半分つぶし、介護ベッドを2台並べる広さを確保するとともに、洋室にリフォームしました。

じつはこの改修の少し前から、お姉さんは杖と手すりを使って階段を上ることがかなりつらくなり、1階の和室で一人で寝起きするようになっていました。そんな姉妹が、この改修で再び一緒に過ごせるようになったのです。「二人だと安心感もあるし、可動式の電動ベッドで立ち座りも楽になりました」とお母さん。1階で生活することは、ご本人たちにも親御さんにもメリットが大きかったようです。

また冬場の寒さ対策として、居室とＬＤＫには床暖房を設置。お二人は歩くときには補装具をつけますが、はずしたあとは座位が安定するため床に座ることが多いのです。モノづくりが好きなお二人が、床に座ってくつろぎながら快適に過ごせる床暖房は、大いに価値あるものと思われます。

トイレやお風呂に行きやすくしたい

Before

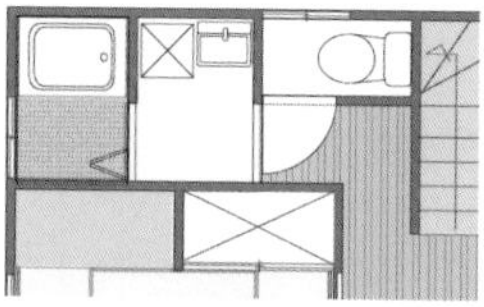

水回りに段差があった

タイルのお風呂

開き戸のトイレ

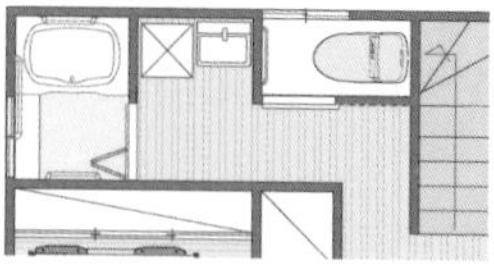

段差をなくして移動をスムーズに

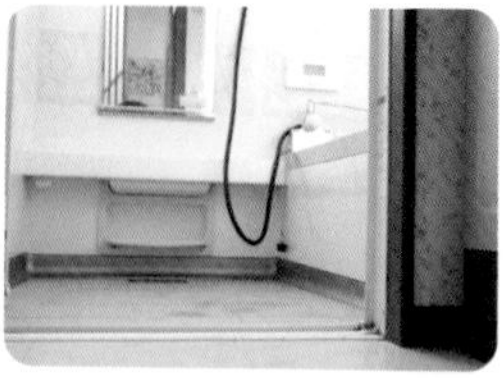

オーダーユニットバスの設置

オート開閉式便器とアウトセット引き戸

使い勝手を追求したトイレとお風呂の改修

水回りは、段差の解消と使い勝手を追求しました。お風呂は、お母さんが介助のために一緒にお風呂場に入るので、できるだけ大きくしたいとのご希望でした。また昔ながらの湿式タイルだったため寒さ対策も課題。そこで、広さの確保が可能なサイズオーダー対応のユニットバスを提案しました。

トイレは、段差解消のために床上げすると、旧式の便器の便座高が低くなってしまうため便器を交換。オート開閉、オート洗浄式のものを取り付けました。これにより、動作が難しかった、体をひねり後ろを向いて水を流したり、便座カバーを下げたりという反転動作が不要になります。さらに開き戸から引き戸に変更。杖をついての開閉が難しいため、開けっぱなしにするしかなかった戸を閉められるようになりました。

トイレで用をすませることは自分でできるのに、水を流すことや戸の開け閉めができなかったお二人ですが、住まいへの工夫でそれが可能になりました。トイレは自分ですませたい、その思いは誰でも同じなのです。

外部アプローチを安全にしたい

姉のアプローチ

①スロープを設置

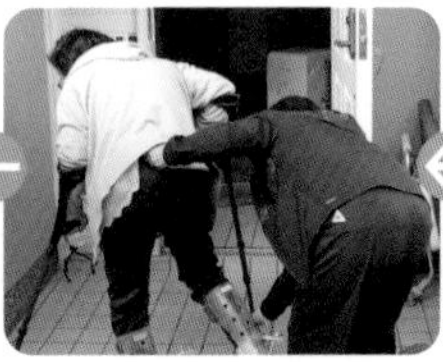

②車椅子から杖に

③玄関に踏み台を設置

妹のアプローチ

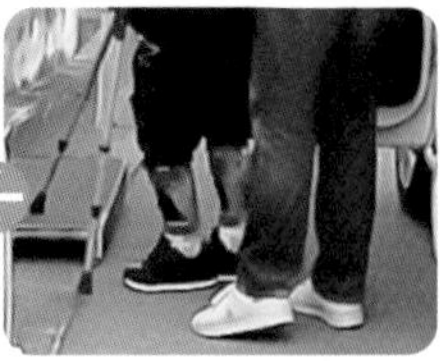

①踏み台を設置

②杖で玄関に移動

③玄関から室内へ

姉はスロープ、妹は踏み台を設置

外から家に上がるまでのアプローチには、道路から門に入るところと、玄関から室内に入るところの2カ所に段差がありました。

まず、道路から門に入るところには、もともとコンクリートの階段が2段あったので、この手前に妹さんの足の動きに合わせて取りはずしのできる踏み台を設置。これにより、自力で上がれるようになりました。お姉さんは階段を上ることが難しいので、取りはずし式のスロープを置き、ヘルパーさんの介助のもとで車椅子のまま入る形にしました。

一方、玄関から室内に入るには上がり框がバリアになります。そこで、一気に上がらなくてもすむように、固定式の踏み台を置いて階段割りをしました。妹さんはこれで自力で上がれますし、お姉さんも自力では難しいですが、ヘルパーさんに足を少しサポートしてもらえれば大丈夫です。

踏み台やスロープを取り付けることで、自分でできることを引き出しながら、介助のしやすさにも配慮しました。

補装具を楽に着脱できるように

参考：昇降座椅子

最高52㎝

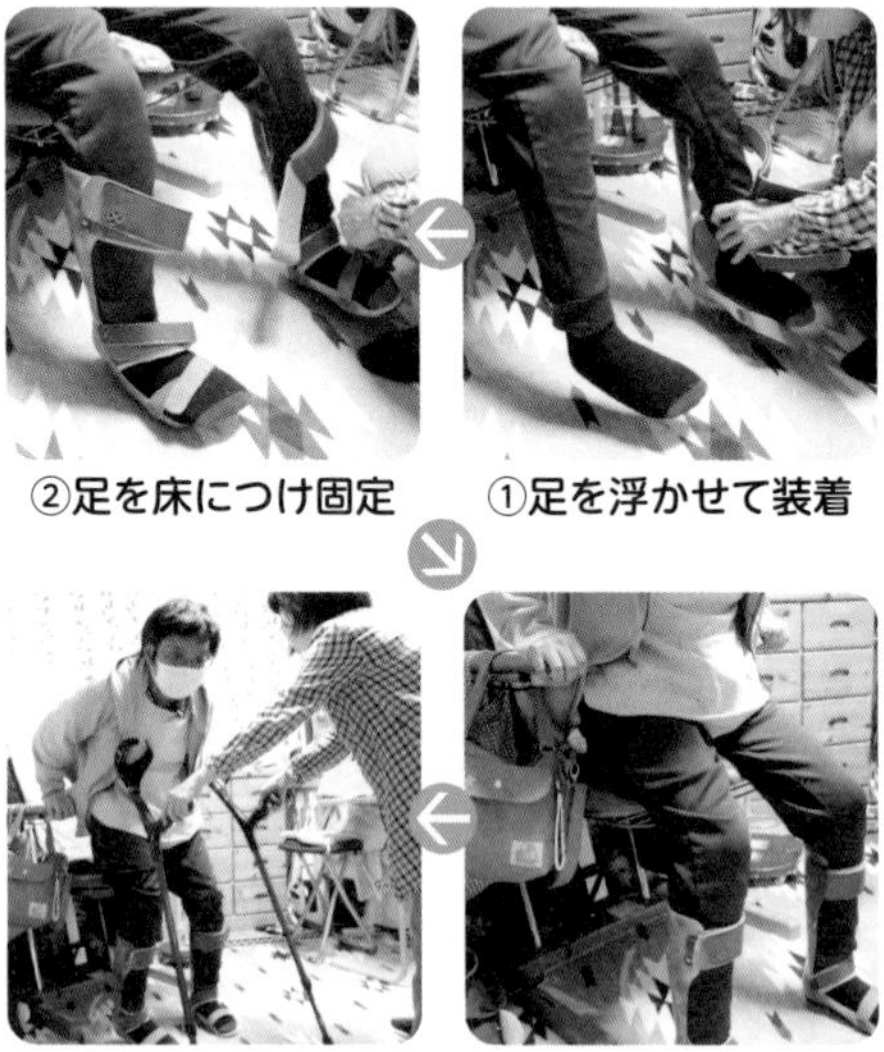

①足を浮かせて装着

②足を床につけ固定

③椅子を上げて立つ

④杖を装着する

電動式昇降座椅子を活用した工夫

お二人はトイレやお風呂などへの移動時には補装具をつけて歩きます。そのたびに脱着が必要になりますが、これがかなり大変で、お母さんから「簡単に履かせる方法はないか」と相談をいただきました。

動作を観察したところ、装着時は足を浮かせて、履かせたあとは床に足をつけて固定する必要があるなど、高さを細かく調整できる椅子が求められていることに気づきました。そのときパッと思い浮かんだのは、高齢者介護の現場で使われている電動式昇降座椅子。試しにこれを使ってみると、求める用途にバッチリはまったのです。

加えて、この椅子は補装具を装着後、椅子をさらに高くすると腰が浮いて自然に立ち上がることができ、椅子に腰かけて座面を下げるだけで床に座ることもできるなど、お二人のくらしやすさを大いに向上させることにもつながりました。自分の経験を応用して目の前の困りごとに対応する試みは、これからもやっていきたいと思います。

Column

Y・Mさん姉妹のお母さんから

改修によって生まれた新しい姉妹の絆

この改修の少し前に、お姉ちゃんは一つの決断をしました。それは、自分一人で１階の和室で寝起きすること。娘たちの部屋は２階にあり、中学生になる頃から杖と手すりにつかまって階段を自力で上り下りしてきましたが、それがきつくなり、しんどさに耐えかねてのことでした。

妹だけでなく、両親も兄もみんな２階で寝ているというのに、一人だけ下で寝るというお姉ちゃんの決断。母親として不安がなかったわけではありません。ただ、本人がそうしたいというのだから尊重することにしたのです。１階の和室にはベッドもなく、畳にマットレスを敷いていたので、立ち上がる動作は大変だったはず。でも、それがつらいとか、独りぼっちで不安だとか、そういうことは一切訴えてきませんでした。

その後、改修が行われ、二人は再び一緒の部屋で寝起きするようになりました。今になって「あの頃は私一人だけが下だったよね」と言ってくることがあります。自分で決断し、不安を抱えながら一人で過ごしたあの時期。それがお姉ちゃんの心に深く残っていることを思い知らされると同時に、心の成長を改めて感じます。

一方、妹のほうは、再びお姉ちゃんと一緒になりうれしい半面、まだまだ親に甘えたい部分も。たまに２階に上がってくることもありました。

改修によって生活しやすく居心地のよい安定した居場所を確保できたことは、それぞれによい影響を与えたように思います。お姉ちゃんが妹のために電気をつけてあげるといった気づかいを示すと、妹がそれをうれしそうに「お姉ちゃんが電気をつけてくれた」と私たちに伝えにくる。そんな二人の穏やかな関係は親にとっても非常にうれしいものです。

改修によって、親の気持ちにも、娘たちの気持ちにも、姉妹の関係にも少しずつ変化が生まれました。娘たちの成長を感じながら、住まいというものの大きな力を今さらながら実感しています。

いざり移動のK・Iさん兄弟

介助負担を軽減して動きやすい家づくり

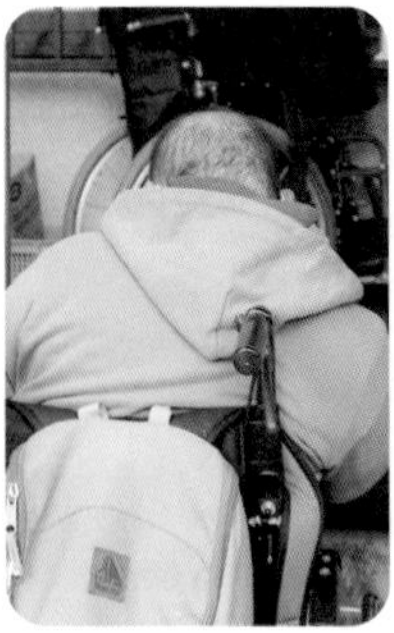

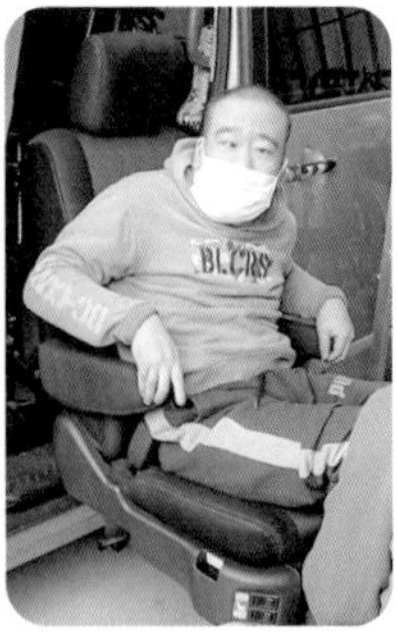

障害者手帳	脳性麻痺による不随意運動失調など。第1種1級。療育手帳 A（重度）。※兄弟とも同じ
住宅の概要	住宅メーカーの軽量鉄骨の2階建て。外部スロープはあるが、玄関ポーチと玄関框に段差がある。
日常生活動作（ADL）	いざり移動で、トイレは家族が介助。入浴は家族とヘルパーが介助。 ※兄弟とも同じ

「介助の負担を軽減できないか」と共通の知り合いを介してご両親から住宅改修の相談を受けたのは、10年以上前のことです。脳性麻痺で足の不自由な二人の息子さんの体重が成長とともに重くなり、負担が大きくなっているとのことでした。

住まいは住宅メーカーの注文住宅で、室内に段差は少なく、トイレやお風呂も比較的広めにつくられていましたが、問題は玄関へのアプローチ。スロープが設けられていたものの、スロープの先の階段を2段上らなくては中に入れないつくりだったのです。兄弟はがっちりした体格で、夫婦二人がかりで抱き上げて階段を上っているという状態でした。介助負担を軽減するためには「本人にできることは本人にやってもらう」ことも大切です。そこで私は、介助のしやすさとともに「できることを引き出す」ことを重視した提案を行いました。

Before

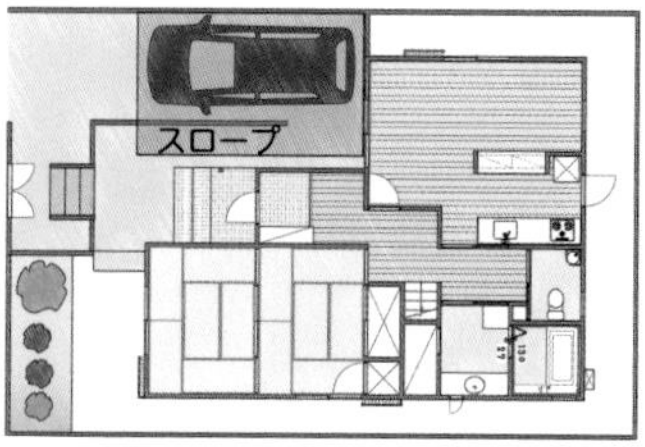

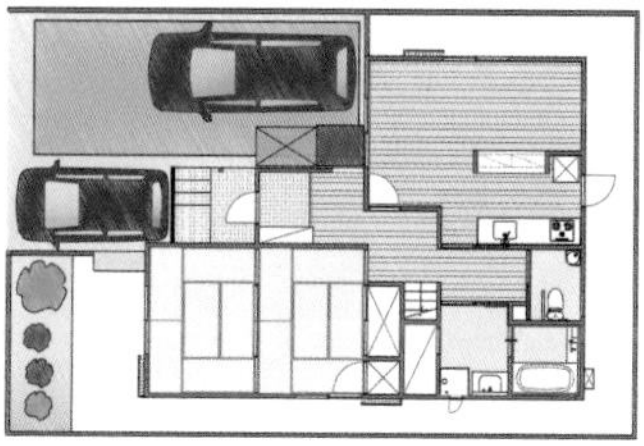

K・Iさん兄弟の要望

改修のポイント

外出時の介助を楽にしたい →
- スロープを解体して昇降機を設置
- 使い勝手を向上させた駐車スペースの工夫

お風呂まわりの動線をスムーズに →
- 浴槽位置が異なるユニットバスに入れ替え
- 洗面台と洗濯機の位置を変えて動きやすく

トイレを使いやすくしたい →
- 跳ね上げ手すりの設置と便器交換

外出時の介助を楽にしたい

デッキまで昇降

玄関引き戸を新設

Before

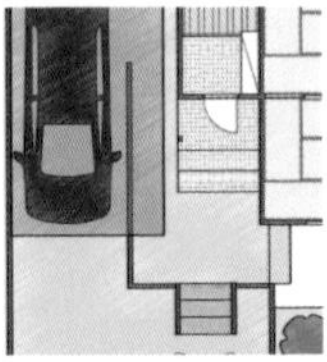
スロープで玄関へ

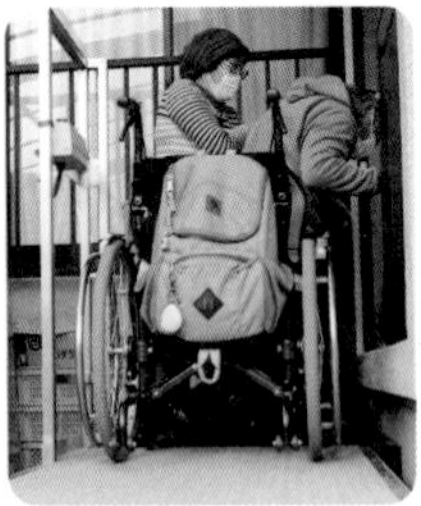
40㎝下げたデッキ

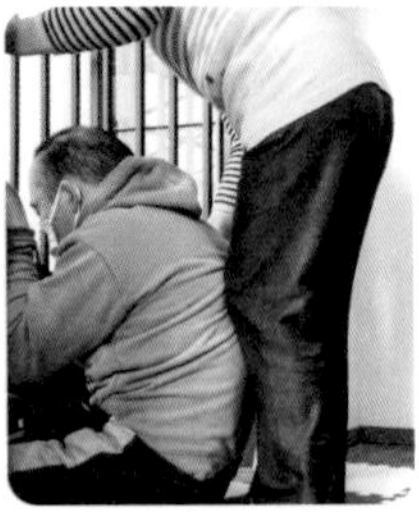
靴の脱ぎ履きが楽に

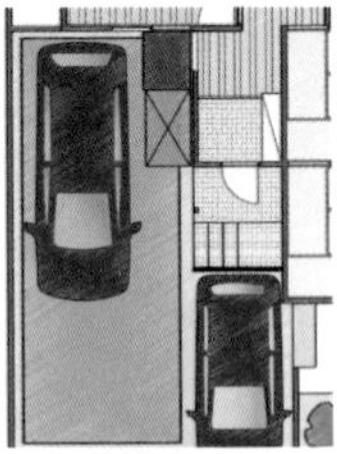
昇降機を設置

スロープを解体して昇降機を設置

K・Iさん兄弟の家は道路から敷地が上がっており、改修前のスロープを使ったアプローチにはそもそも無理がありました。そこで、スロープを解体して玄関の計画全体を見直し、兄弟のための出入り口を新設して、昇降機を設置することを提案しました。

改修計画の段階で何度か家に伺い、一緒に遊んだり話したりするなかで、お二人の体の動きを確認し、座位がしっかりできていること、室内ではいざり移動をしていることもあって、背筋が強く、体を反転させることも可能であることなどを確認しました。

これを受け、昇降機はあえて廊下のフロア高よりも40㎝下げて設置し、その奥に高さをそろえてデッキを設けました。こうすることで、引き戸を開けて廊下に腰かければ、楽に靴の脱ぎ履きができるようになりました。靴を脱いだら体を反転させて、いざる体勢をとって室内に入ります。また、昇降機のスイッチも特注で自分で押せる高さに設けました。自分で

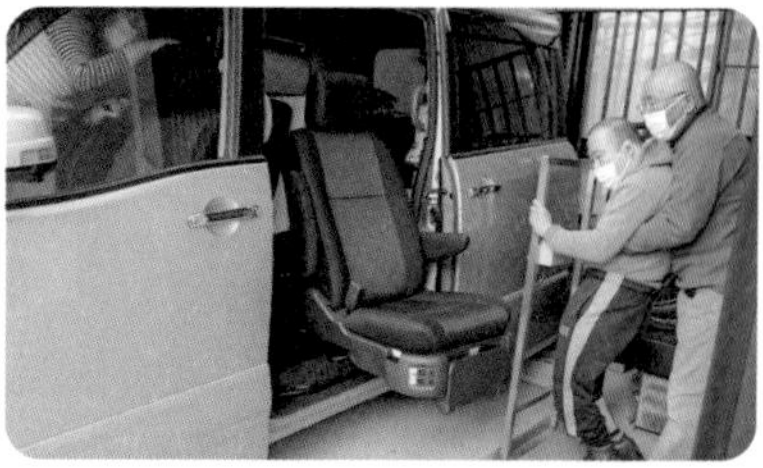

車に乗り移りしやすい位置に昇降機を

雨をよけるためにカーポートを延長

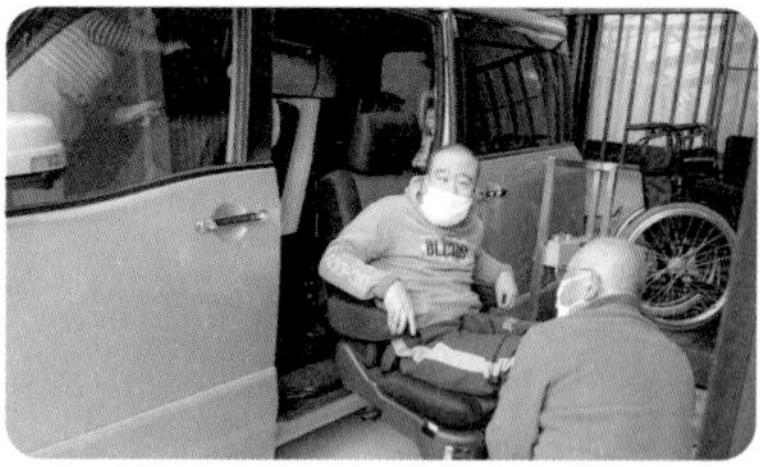

車への移動がスムーズにできる

駐車スペースを3台分に拡張

できることは誰だって自分でやりたいですから、動ける喜びを引き出す改修をめざしたのです。

昇降機は、たとえば車椅子のまま室内に入ることが必要になるなどの将来的な変化に応じ、廊下の高さまで上げることが可能です。既製品ではここまで対応できないため特注となり、コストは1〜2割上がりましたが、費用対効果は抜群に高いと思います。

使い勝手を向上させた駐車スペースの工夫

もともとあった玄関は〝家の顔〟として残し、門柱やカーポートも含めた家の外観全体のデザイン性も重視しました。

また、駐車スペースは、ヘルパーさんの車も含めて3台置ける広さを確保しています。昇降機から降りてスムーズに車に乗り込めるように工夫し、屋根を伸ばして雨に濡れない配慮もしました。無駄なスペースがなくて動線も短く、ご家族にとっては非常に効率よく動ける住まいです。これが結果的には介助負担を減らすことにつながっていると思います。

お風呂まわりの動線をスムーズに

Before

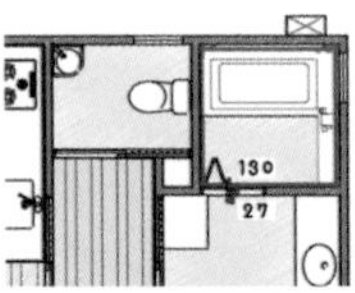

入り口正面に浴槽

お風呂の段差

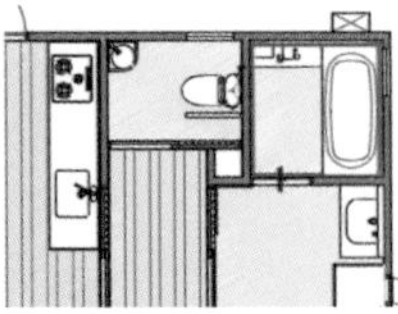
浴槽位置を変更

お風呂と洗面室に暖房

引き戸にし開口を拡張

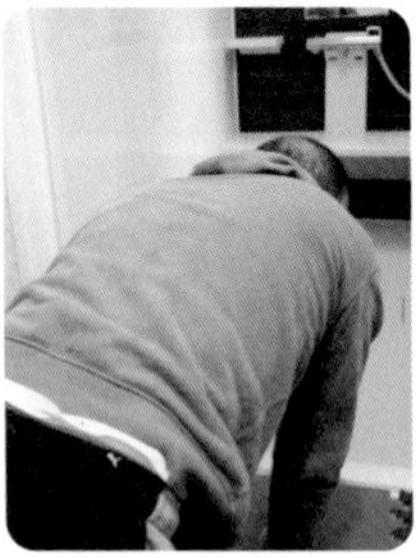
お風呂の段差を解消

浴槽位置が異なるユニットバスに入れ替え

お風呂まわりの改修にあたっては、動線を改善し、動きやすくする必要がありました。お風呂場の入り口には段差があり、ドアは折り戸でした。また、浴槽は入り口正面に配されており、このレイアウトだと、お二人はお風呂場に入ったあと、浴槽と平行に体を90度反転させなければ浴槽に入れない状態でした。また、お風呂までの動線も、入り口付近に洗濯機が置いてあり、体の大きなお二人にとっては入りにくいと考えられました。

そこで、まず浴槽へのアプローチを改善するために、浴槽の位置を90度回転させて入り口と平行になるように考えました。段差を解消し、入り口扉の開口を広げるユニットバスの導入も提案しました。動線上のじゃまになっていた洗濯機は洗面台の横に移動させ、さらにお風呂と洗面室に暖房を設置し、快適さも追求しました。

また、デザイン的にも満足いただける空間づくりをしたいとの思いもあって、ご家族と一緒にショールームに足を運び、実物を見ながら色やデザイン、使い勝手などを確認したうえ

Before

洗面室に洗濯機

洗濯機が動線のじゃまに

洗濯機を洗面台の横に移動

動線がすっきりしお風呂への移動が楽に

で、イメージに合うものを選んでいただきました。

「お風呂の床は、息子たちがハイハイしても痛くないクッション性のある素材にしました。色合いも質感も温かみがあり、冬でも冷たさを感じさせないので、とても気に入っています」（お母さん）

洗面台と洗濯機の位置を変えて動きやすく

この改修では、お風呂に全面的に手を入れるため、配管や排水、床や壁の張り替えを伴う工事が必要です。そこで、このタイミングで洗面まわりも同時に工事を行うことをご提案しました。一体的な改修のほうが、より快適な空間をつくりやすく、デザイン的にも統一感のあるものにできるからです。

今回は洗濯機の洗面台横への移動に伴い、洗面台をコンパクトながら使いやすく、収納スペースも十分でデザイン性の高いものに交換しています。洗面・洗濯スペースはすっきりと広く、動きやすく、快適な空間となりました。

トイレを使いやすくしたい

①いざってトイレに

②手すりで体を起こす

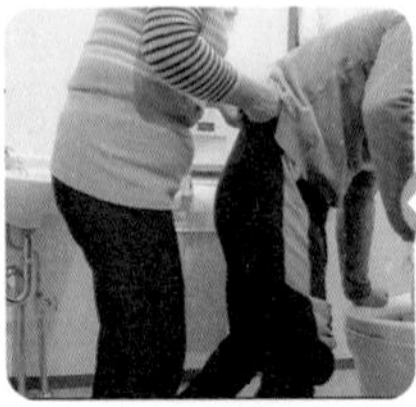
③立位になる

④体を反転し便座へ

⑤便座から立ち上がる

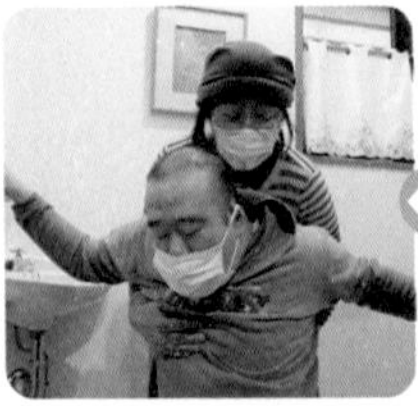
⑥床に移動する

跳ね上げ手すりの設置と便器交換

改修前に、トイレに座る動作を見せていただいたところ、ご両親がかなり力を入れて抱きかかえていることがわかりました。トイレの奥に取り付けられた手すりは、今の身体状況では使い勝手がよくありません。一方、いざり移動をしているお二人の体は、背中から肩にかけての筋肉が発達していました。力を入れやすい位置に手すりをつければ、手すりをつかんで自分で動こうとしてくれるので、介助者はそのサポート役となり、力任せの介助は不要になるはずです。

そこで、手すりを仮止めしては何度も動作を確認し、最も力を込めやすい便器の手前に跳ね上げ式の手すりをつけ、便座もオート開閉式に交換しました。「自分で手すりをつかみ、立とう、座ろうとしてくれるので、介助は圧倒的に楽になりました」（お父さん）

手すりの存在が、動きを導く「導線」となり、その人のもつ力を引き出すことができるのです。家づくりを考えるとき、「導線」は常に念頭に置くべきポイントだと思います。

Column

K・Iさん兄弟のご両親から

本人のできる力を引き出しながら介助が楽になる改修の大切さ

改修前は息子たちを抱きかかえてトイレに座らせていたのですが、体重がかなり重くなっていたので、とても大変でした。

今回の改修で、トイレのつかまりやすい位置に手すりをつけていただきました。手すりがあれば「ここを持って」と握らせることができます。そうするとこちらが無理に引っ張り上げようとしなくても、本人が手に力を込めて、自分で体を起こそうとしてくれるのです。本人が動こうとするだけで、介助するこちらの負担は驚くほど軽くなります。体を回転させて便器に腰を下ろしたり、便器から立ち上がったりという動作についても同じで、私はちょっとお尻を持ち上げたり、腕を支えたりするくらい。トイレの介助に大きな力を入れる必要はほぼなくなりました。

自分で動きたい気持ちは、きっと誰にでもあるのでしょう。住まいをくらしやすく改修することは、そんな気持ちを引き出すことなのかもしれません。（お母さん）

幼い頃はひょいと抱きかかえられた息子たちを、妻と二人がかりで「よいしょ、よいしょ」と運ばなければならなくなったとき、将来が不安になって住宅改修を考えました。納得のいく改修ができた今思うのは、改修はちょっと早いかなと思うくらいの時期にすべきだということです。

息子たちは成長とともに体重がどんどん増え、症状はしだいに重くなり、今までできたことができにくくなっていきます。一方、親である私たちはどんどん年をとり、しだいに無理がきかなくなっていく。でも、住宅を改修すると、便利な器具や装置が使えるようになったり、動きやすい環境が整えられたりするので、できにくくなっていることもまだしばらく継続できるようになります。できなくなるスピードをかなり遅くすることが可能になるのです。だからこそ、いろいろなことができるうちに、介助する側が弱ったり老いたりする前に。おすすめしたいです。（お父さん）

車椅子を利用するR・Mさん

介助負担を軽減させ快適さも実現する

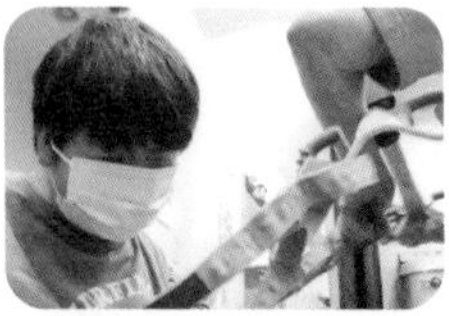

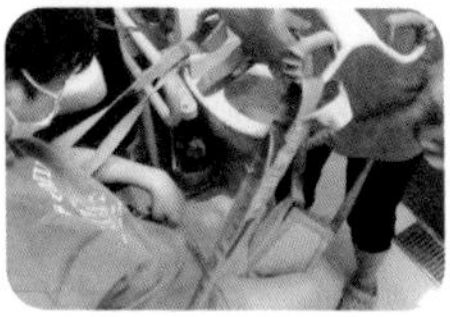

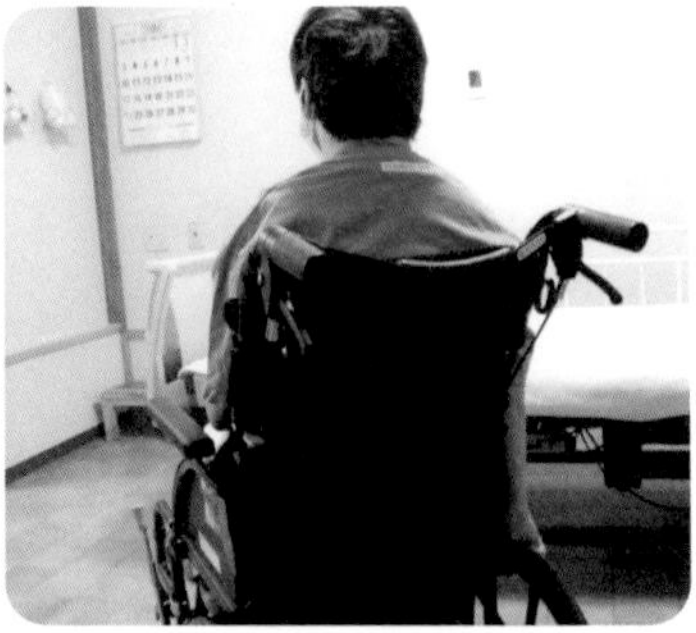

障害者手帳 脳性小児麻痺による不随意運動失調などにより、上肢を使う動作、歩行がほぼ不可能。第1種1級。

住宅の概要 車椅子対応の公営住宅（P12のM・Iさんと同タイプ）に居住する。和室は同居していた母親が使用。

日常生活動作（ADL） 自走が困難なため、介助用車椅子をヘルパーさんに押してもらい移動。トイレ、入浴、食事は全介助。

脳性小児麻痺で全身に重い障がいのあるR・Mさんは、介助を受けながら、車椅子常用者世帯向けの公営住宅で一人暮らしをしています。出会いのきっかけはお母さんからの相談の電話でした。当時のR・Mさんは、今よりも軽かったものの全身に麻痺があり、言葉もなかなか出てこない状態。現在の住宅に親子で住まわれ、お母さんも病気で障害者手帳をお持ちで、介助の担い手はヘルパーさんでした。

言葉が不自由ながらも彼女は意思表示はしっかりでき、私が伺うたびに素敵な笑顔で歓迎してくれました。そんな矢先、お母さんが体調を崩して入院し、もう家に帰るのは難しいという状態に。そこで、介護サービスを活用しながら一人暮らしを始める彼女のために、居住スペースを広げ、介助負担も軽減することを考えた改修を行うことになりました。

Before

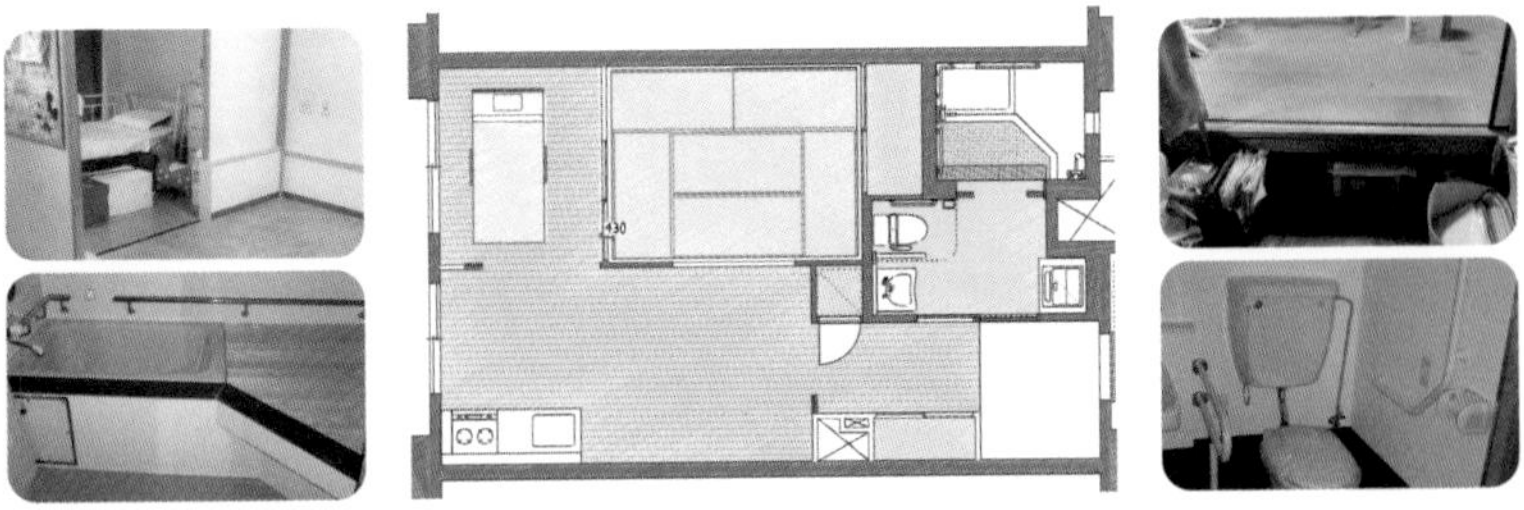

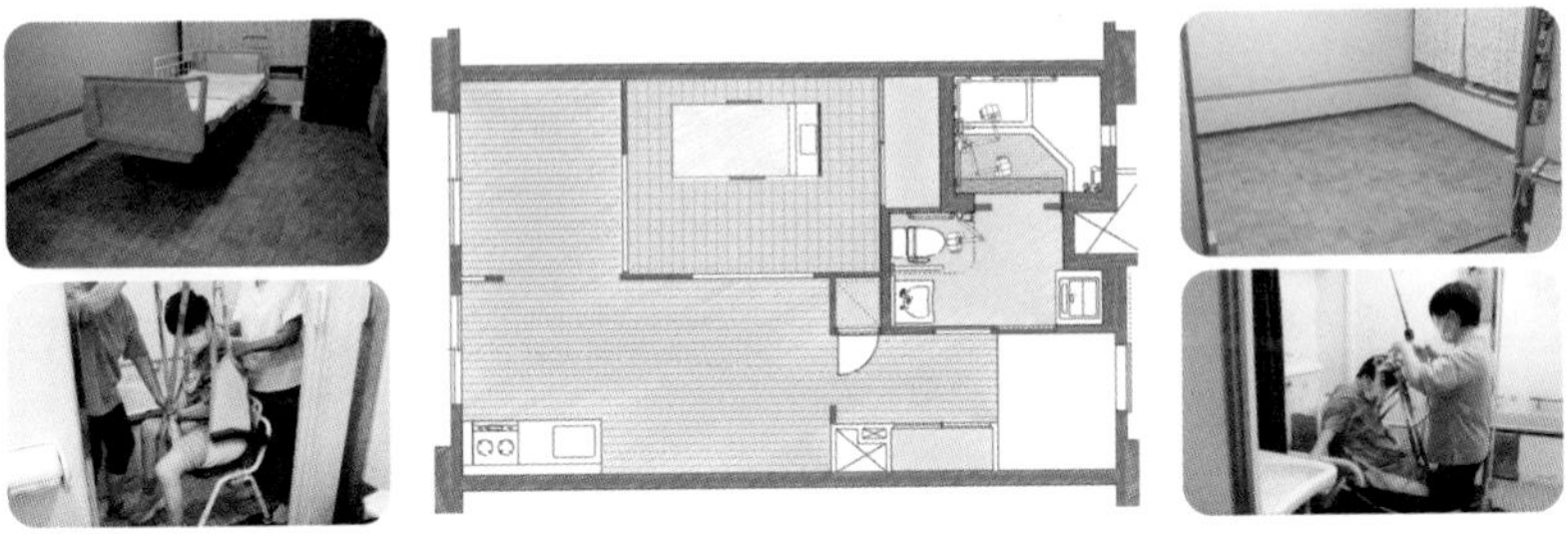

R・Mさんの要望

改修のポイント

介助負担の軽減を考えたい →
- ☑ トイレにリフトを設置する
- ☑ お風呂にリフトを設置する

部屋のスペースを広げたい →
- ☑ 和室を洋室にして ベッドまわりを広々と

“介助負担の軽減を考えたい”

トイレへの移動

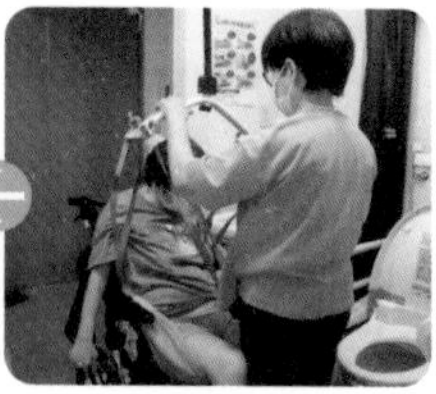

①吊り具をかける

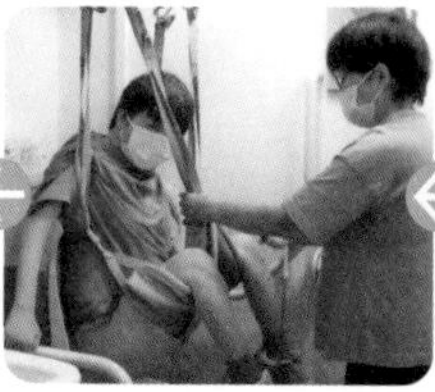

②便器に移動

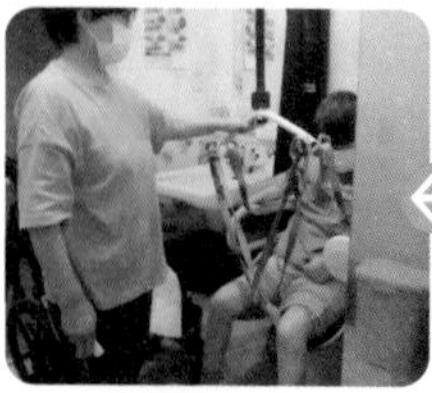

③便器に座る

浴槽への移動

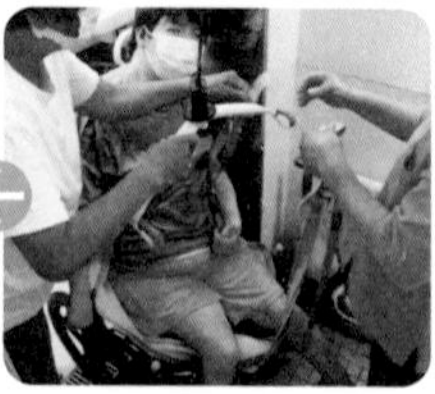

①吊り具をかける

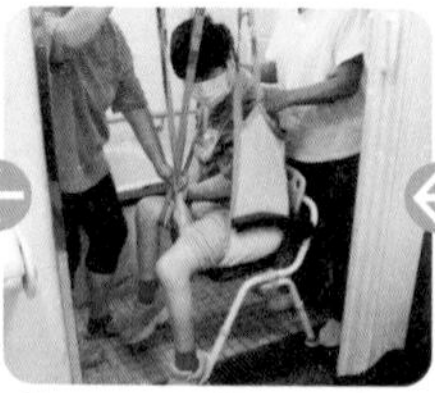

②シャワー椅子に座る

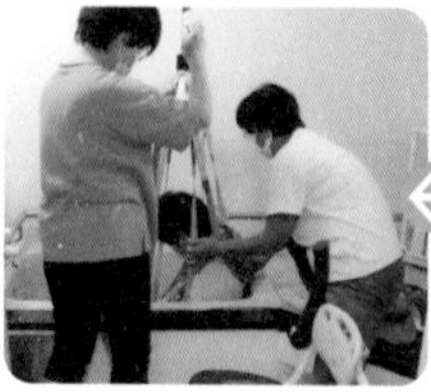

③浴槽内に移動

トイレとお風呂にリフトを設置する

介助者への負担が大きいのはトイレとお風呂。車椅子からの乗り移りを介助する際に腰に負担がかかるのが問題でした。そこで介護リフトを設置することを提案。トイレは、吊り上げた状態で下着を脱着し、用を足せるタイプのスリングシートを使用しました。吊り具全体で体重を支えるため、介助される人にとって不快感が少なく、安定して吊り上げることができます。また、リフト本体を壁に取り付けることで足元をすっきりさせ、介助者の介助スペースを確保しました。

お風呂には、水道の水圧を利用して上下する電源不要の水圧式リフトを設置。入浴用スリングシートは体を包み込むシートタイプなので、浴槽内の浮力でお尻がずり落ちる心配がありません。

「脇の下や足を無理やり持ち上げることなく介助できるリフトは、介助者にとってはとにかくありがたく、R・Mさんも喜んで利用してくれています。リフトの重要性をもっと皆さんに知ってもらいたいです」（ヘルパーのKさん）

部屋のスペースを広げたい

和室を洋室にしてベッドまわりを広々と

Before

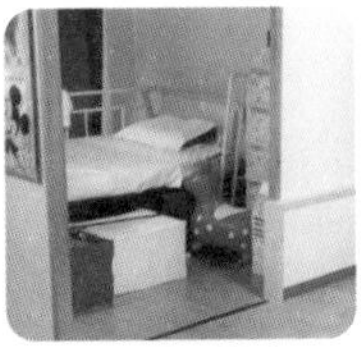

3.5畳の洋室

6畳の和室

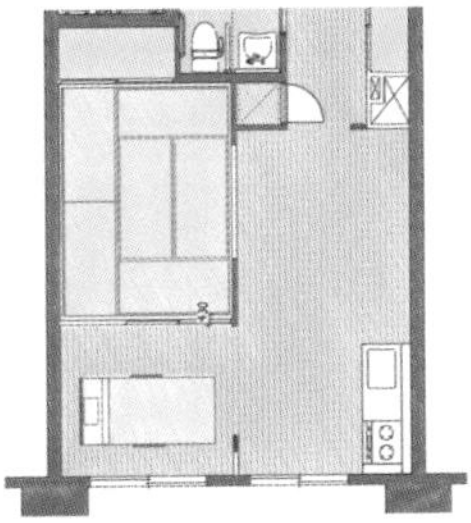

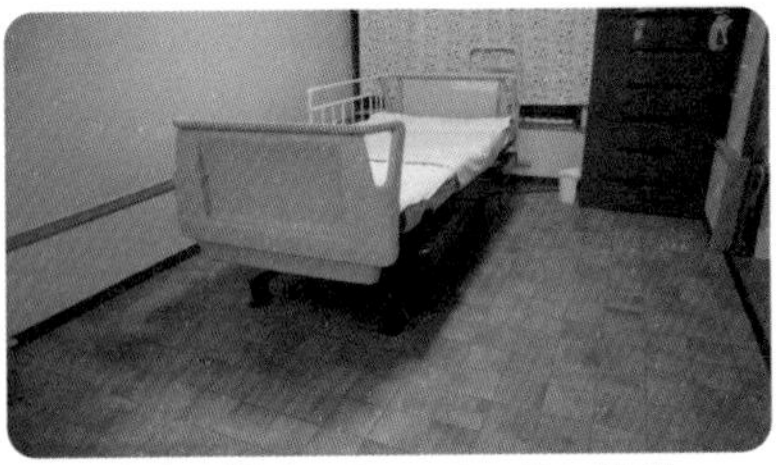

和室を洋室にしてベッドを設置

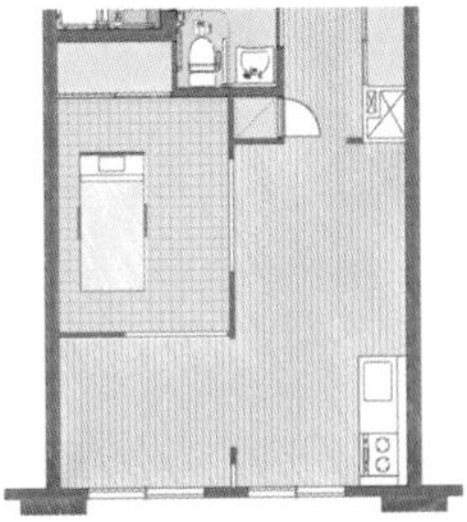

改修前の住まいには、43㎝嵩上げされた和室がありました。自力で車椅子からの乗り移りが可能であれば、腰かけたり寝転んだりしてリラックスできるのですが、R・Mさんの身体状況ではそういった利用は難しい状況でした。そこで、一人暮らしを始めるにあたり、和室をつぶして洋間に変えることを提案。和室は解体してみると床も壁も状態が悪く、段差もできていました。そこで根太で高さ調整をして嵩上げし、フロアの高さに合うよう調節。こうすることで、車椅子で移動できるスペースが大きく広がりました。

さらにベッドを四方から介助しやすい位置に変更。介助の負担を減らし、ご本人もゆったり快適に過ごせる空間が実現しました。

「以前は部屋が狭くて動きづらかったため、彼女がストレスをため込みがちでした。でも、今は余裕が生まれ、彼女のしたいことを一緒にしてあげられる時間ができました。そのことをなによりうれしく思っています」（ヘルパーのKさん）

Column

R・Mさんのヘルパーさんから

広くて心地よい住まいに改修し 彼女自身も明るく生まれ変わった

10年以上前、R・Mさんがお母さんとの二人暮らしの頃からヘルパーとして来ています。日常生活のほぼすべてに介助が必要なので、朝、日中、夜中と何人ものヘルパーが入れ替わりでサポートしています。私のように長いつきあいの者も多く、仕事を超えた関係になっているところもありますね。彼女に初めて会う医療関係者は、全身に重い障がいがあるR・Mさんが一人暮らしをしていることに驚きの声をあげますが、サポートする環境と態勢さえ整えばなんとかなるものではないでしょうか。

R・Mさんは、自分一人の力で生きていると思ってしまうところがあり、少々わがままでもあります。ときには「ここは違うよ」「これはダメだよ」と怒らなくてはならず、泣かせてしまうことも。つい強く言ってしまうのは、自分の頭で考えることができる子だと信じているからこそ。母親目線で常に本気で接し、筋道を立てて怒るようにしています。

お母さんを亡くされてからはずいぶん変わりました。お母さんは娘を思うあまり、どこか彼女を押さえつけている面がありました。たとえば洋服が毛玉だらけになったから買い替えたいと言うと、「まだ着られるのにもったいない」と却下。何を買うにもお伺いを立てる必要があったのです。そこから解放されたR・Mさんは、いらないものは処分し、自分の好みに合うものに買い替え。以前よりすっかり明るくなりました。

この変化は、住まいを改修したことで、広く明るく居心地のいい空間になり、お風呂やトイレも使いやすくなったことが影響しているのかもしれませんね。とにかく、こんなに明るい彼女を私は見たことがありません。

家の改修から1年、この間に3回も日帰り旅行に出かけました。サポートのためにヘルパー3人の同行が必要になりますが、一人はヘルパーとして有償で、二人はボランティアで行っています。明るく生き生きと生活するようになった彼女と一緒にいると、私も楽しくてたまらなくなります。

第2章

パーソンデザインから生まれる家づくり

「生きる力を引き出す」住まいを実現するために

第1章では、当事者の方のご協力のもと、住まいでのくらしの様子を垣間見て、同じ障がいの方でも障がいの状況に違いがあることと、生活の課題やニーズについてのお話を伺いました。同時に、私が日々のなかでご本人とともに考えながら、さまざまな角度で導き出す改修のポイントと、実際に行った環境整備の内容についてもご紹介しました。実例を通して、お一人お一人の家屋や環境の条件が異なるうえに、そこにくらす当事者の方の障がいの状況もさまざまなことから、画一的にまとめたり、マニュアル化することが困難なこともご理解いただけたと思います。

この章ではさらに掘り下げて、メインテーマとして掲げた「パーソンデザイン」の考え方が生まれた背景や、パーソンデザインの考え方の具体的な内容についてお話しします。また、よりわかりやすくまとめていくために、パーソンデザインに求められる要素をカテゴリーごとに示し、各要素についての趣意を解説していきます。

次に、障がいをもつ多くの方との出会いから生まれた、パーソンデザインの家づくりを実現するために私が実際に心がけているポイントを項目ごとにまとめてお話しします。最後に、突然の病気や事故でご本人やご家族が動揺されているなかで陥りやすい問題の、対処の方法などについて解説します。

障がいをもつご本人やご家族と初めてお会いしてから、どのようなことに気をくばり、どんな話をしながらその方のためのデザイン計画を作成しているのか。その詳細なプロセスを見ていただくことで、これから計画を考えておられる方や、将来の参考にと考えておられる方の一助になれることを願っています。

パーソンデザインの考え方

パーソンデザインが生まれた背景と思い

person design

☑ 福祉建築の歴史

パーソンデザインについてのお話をする前に、まず、福祉の考え方と建築についての歴史的流れを、かいつまんで見ていきたいと思います。

デンマークのバンク・ミケルセン氏が1950年の後半に、非人道的に扱われていた知的障がいの人たちが普通の生活を当たり前に送れるようにすることを求めて「ノーマライゼーション」の理念を提唱し、それがヨーロッパから世界に発信されました。

一方、アメリカでは、1960年代にベトナム戦争により障がいをもった人々が、社会から排除され生きづらさを感じている状況に対して社会的バリアをとり除くためのデザインの必要性が、建築家を中心に広まりを見せました。1974年には国連障害者生活環境専門家会議が開催され、「バリアフリーデザイン」に関する報告書が作成され、障がいをもつ方々が使いやすい「バリアフリーデザイン」の考え方が世界的に認知されることになります。

同時期に、9歳のときにポリオにかかり、その後建築家になったアメリカのロナルド・メイス氏が、自身の経験と長年の活動から1985年に提唱した、多様な人に使いやすい「ユニバーサルデザイン（UD）」の考え方が広く浸透していきます。

日本では1981年頃からようやくバリアフリー設計指針などがつくられ始め、阪神・淡路大震災の前年の1994年に、現在のバリアフリー新法の前身であるハートビル法が施行されました。しかし、メディアの反応も薄く、世論の盛り上がりに欠けるなかでの法律の施行で、法律自体も促進をうたうにとどまった内容であったために、バリアフリーの考え方が世に広まるまでには至りませんでした。

☑ パーソンデザインを提唱する理由

私は、2000年に施行された介護保険制度の創設に伴って、全国各地にデイサービスなどの事業所が次々に開設された頃から、介護業界のなかでは「バリアフリー」という言葉をよく耳にするようになりました。また、このバリアフリーという言葉は、バブルの崩壊で低迷気味であった住宅や不動産の広告などのアピールポイントとしてとり入れられるようになります。「バリアフリー仕様」「バリアフリー設計」などの文言が紙面におどるように、インパクトのある大きな文字で掲載されていたことを思い出します。これらの広告で使われていたバリアフリー仕様とは、段差のない家のことをさしていましたが、「バリアフリー」という響きのよい言葉の定着とともに、広告の過大な力にも押されてバリアフリー住宅は、年をとったり、障がいをもったりしても安心な家であるとの認識が世間に広がっていくのでした。また、同じ頃、建築基準法（家を建てるための法律）の改正がなされ、階段手すりの設置が義務化され、この流れは一段と加速することになります。

その後、廊下幅や開口幅などにも注視した「ユニバーサルデザイン」の設計がとり入れられるようになりました。こうした流れは歓迎しつつも、バリアフリー住宅より優れたユニバーサルデザインで設計しておけば、高齢者や障がいをもつ方の住宅も大丈夫だ、との考え方が建築業界の主流になっていることについて一抹の不安を抱えています。

この流れを助長するかのごとく、マスメディアがニュース番組でユニバーサルトイレを紹介するときには、「今度新しくオープンする〇〇公園に設置されるトイレは、誰にでも使いやすいユニバーサルデザインで設計されています。トイレの中がどのようになっているのかを取材してきました」と報道します。このニュースを見て視聴者は、「ユニバーサルデザイン＝誰にでも使いやすい」と理解することになります。

この本でご紹介する多くの方のくらしを見ていただければ、ユニバーサルデザインで設計すれば大丈夫じゃないの？　そもそも「バリア」って何なの？　と気づかれるのではないでしょうか。つまり障がいをもつ方の家づくりにおいては、「バリアフリーデザイン」や「ユニバーサルデザイン」の考え方がうまく機能していない現実が生じているということです。

私が障がいをもつ方の住まいづくりに携わるなかで感じてきた違和感は、こうした歴史的背景から生まれたもので、障がいをもつ方の住まいの環境やくらしを知って、もっと興味をもっていただけたらと強く思うようになりました。そこで、一般的に使われている「バリアフリーデザイン」や「ユニバーサルデザイン」とは区別して、お一人お一人に合わせたデザイン手法の大切さをよりわかりやすく表現するために、「パーソンデザイン」という言葉を使うようになりました。

☑パーソンデザインという言葉の意味

私自身が提唱しているパーソンデザインの考え方について具体的な話を進める前にまず、バリアフリーデザインやユニバーサルデザインと区別するために、言葉の意味を明確にしておきたいと思います。パーソンデザインとは「障がいをもつご本人に寄り添い、その課題やニーズを理解し、使いやすさを探求して、生活の質を高めるための創意工夫をかたちにする、共にくらすご家族とご本人のためのデザイン」という考え方です。

障がいをもつことは、誰しも望んでおられるわけではなく、「誰でも同じ状況になることがある」ということを決して忘れてはいけないと思います。もし自分自身が障がいをもつことになった状況を考えていただければ、想像するに余りあることで、そうした考えをできれば日々のなかであまり考えたくないものです。

私たちの多くは、ポジティブな考えとネガティブな考えのバランスをとりながら日々の生活を送っていると思いますが、ときに大きな障壁が目の前に現れればバランスを崩してしまうことは、想像に難くないことです。不安の大小はあるものの、誰にでも訪れる「老い」を考えたときに感じる、時間の経過とともに体が思うように動かなくなり、目や耳も悪くなる不安に類似しています。では不安が増幅したときに、どのようにすればバランスを保つことができるのでしょうか。

たとえば日常のネガティブなストレスに対しては、おいしいものを食べたり、好きな洋服を買ったりすることで、バランスをとることができるかもしれません。しかし、障がいをもつという大きな障壁が現れ、「不安」に自分が押しつぶされようとしているときに、衣食でバランスを保つことは残念ながら難しいのではないでしょうか。

考えてみてください。不安は多岐にわたると思いますが、そのなかでも住まいやこれからの生活に対する不安は、とても大きいものなのではないでしょうか。住まいはくらしの基盤そのものであり、心身のバランスを保つために必要不可欠な場所なのです。まさに「生きる力」を与えてくれる場所であり、だからこそ、住まいのあり方をより深く考えていかなければならないと強く思うのです。

パーソンデザインの考え方は、私がこれまで30年以上にわたり4000人を超える障がいをもつ方々との出会いのなかで、お一人お一人の「生きる姿勢」に触れることで生まれたもので、この本を通して、多くの方々から学ばせていただいた「知識」や「ノウハウ」をエビデンス（根拠）として、幅広い方々にわかりやすくお伝えしたいと思っています。この機会に、パーソンデザインの考え方に興味をもっていただき、このデザインアプローチから生まれた住まいが、不安で苦しむ方々の一助となり、少しでも不安から解放されて、人生を楽しく歩んでいっていただけたらと願っています。

パーソンデザインに求められる3要素

人となりを大切にしたデザインでつくる

person design

障がいをもつ方の住まいづくりに求められるのは、まず建築的要素であることは言うまでもありませんが、「パーソンデザイン」を考えるうえでは、「医学的要素」や「人的要素」をよく理解したうえで進めることを重要視しています。医学的要素とは、ご本人の病歴や疾患、現在の体の状況などを確認すること。人的要素とは、その方の趣味嗜好やくらし方などを知ることです。そして、医学的要素をしっかり把握し、人的要素を確認してその方の人となりをより深く知りながら、ご本人に寄り添うことを重んじたうえで、建築的要素として家の状況や環境を最大限に生かして「日常生活の質（QOL）」を向上させ、より楽しくくらしていただくことを目的とすることが、パーソンデザインでの住まいづくりです。さらに、3要素から感じとれるご本人の「思い」を生かすことも重要だと考えています。

障がいをもつ方の住宅を担当される建築会社さんによっては、知識不足や、当事者の方々に会う機会の少なさから、対応にぎくしゃく感が生まれ、段差の解消や車椅子の動線などの空間的な建築要素だけに話が偏りがちになる現状があり、こうした出来事に際するのが残念でなりません。だからこそ、パーソンデザインに必要な「3要素」を確認することを大切にしているのです。ただし、ご本人の体調やメンタル面を見極めて、確認項目を減らすこともあります。

初めてお会いするご本人やご家族のなかには、在宅での生活に不安を抱える一方で、退院などの緊急性を要する方もおられます。こうした状況では、信頼関係を早期に構築しなければなりません。そこで、その方の人となりを知るために、初回訪問はとても大切だと考えています。丁寧にお話を伺うために、2時間から長いときは3時間を超えることもあります。

ここからは、パーソンデザインに欠かせない、医学的要素、人的要素、建築的要素の3つの要素を把握するために、実際にどんなことを行うのか、そのなかで何が重要なのかをご説明します。

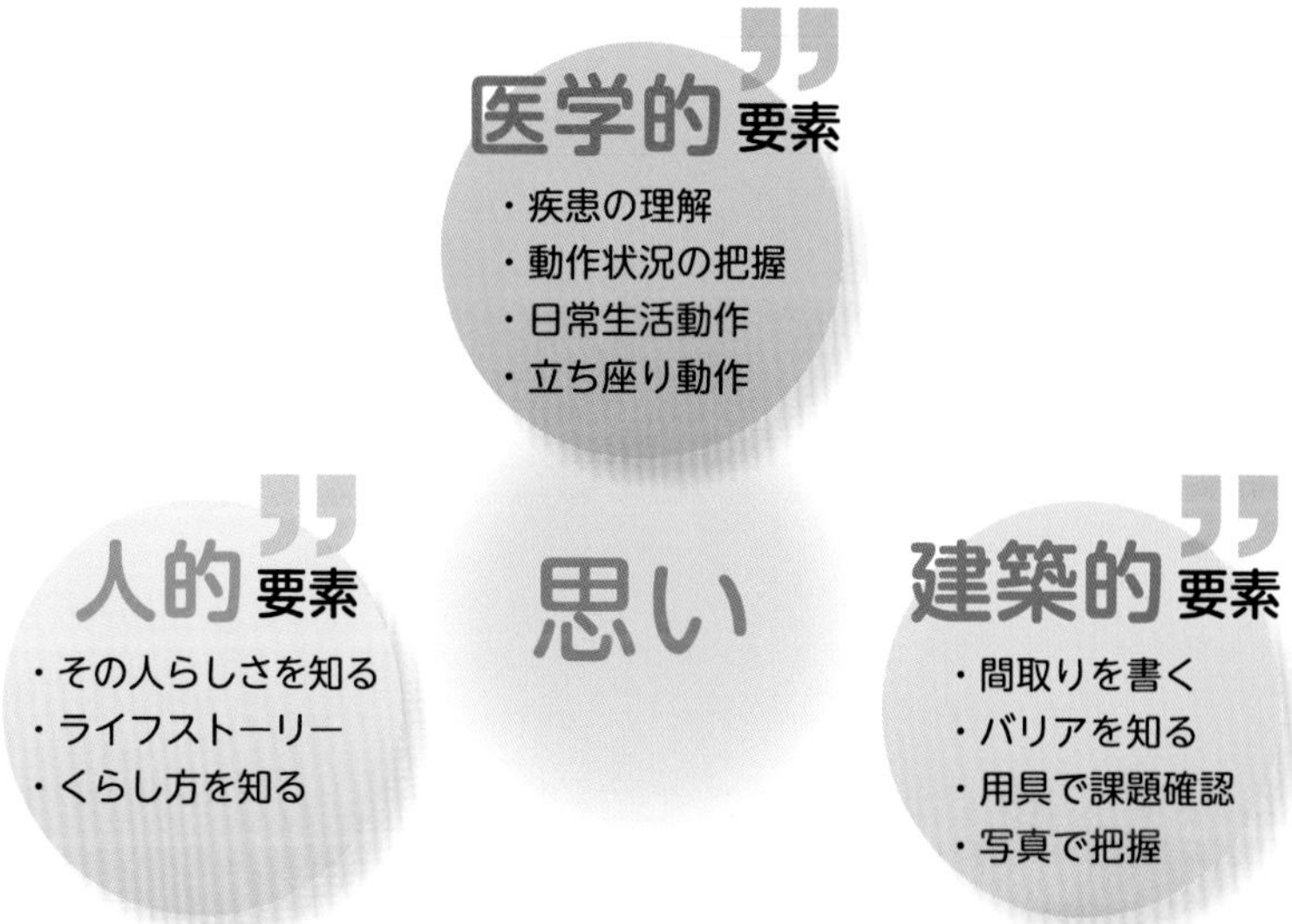

パーソンデザインに求められる
医学的要素

疾患について確認し理解する

住まいづくりを考えるうえで、まずご本人の病歴や通院状況のほか、痛みや痺《しび》れ、気になっていることなど現在の症状を確認することから始めています。特に難病など病名すら聞いたことがないようなケースでは、どのような病気でどのような症状が起こるのか、その原因や治療法などの情報を調べます。「難病情報センター」というサイトがとてもわかりやすく、私もよく使います。

介護保険のサービスを使っている方の住宅改修の場合は、ケアマネジャーが事前に作成しているアセスメントシートで情報提供をしてもらうこともあります。また、ご本人が入院されているケースでは、医療ソーシャルワーカーから情報提供を受ける場合もあります。

動作状況について把握する

場合によっては私自身も、痛みや痺れ、関節の可動域（関節が動く範囲）などについてのより詳細な内容を直接確認させていただく場合もあります。たとえば、体を引き起こす際などの身体状況を知るために、実際に手を握ってもらい握力を確認し、手すりを使う際の体の引き起こしの状態や、手のフィット感などを確認したりします。また、その場で立ち座りをしていただいたり、可動域の確認をさせていただいたりすることが、浴槽などへのアプローチを考えるときに必要であると考えています。

体の使い方一つで、日常生活での動作のしやすさなどが大きく異なります。改修計画を立てる際に重要なポイントになりますので、その方の疾患の特性を理解し、身体状況や動作状況などについて深く知ることは、とても重要だと考えています。

☑ 日常生活動作を見て課題を見つける

身体状況を知るうえで、家の中での実際の動作をしていただくことも大切です。たとえば、居室内で実際に動いてもらうことで、歩き方の特徴や足の運び方で危険度をはかることができます。また、現状の動作の課題となるバリアを見つける方法として、便器やベッドでの立ち座りを実際に行ってもらい、その方のやりづらさや不安がどこにあるのかを判断することもあります。

こうして、実際の生活のなかでの動作を見せていただき、ご本人からの聞きとりや、疾患や身体状況などとあわせて課題を見つけていきます。たとえば「浴槽に入るときにふらついて、入るのが怖い」という方であれば、この位置にシャワー椅子を置いて、この位置に手すりをつければ安心です、と私が実際に入浴までの動作をします。その後、同じ動きをご本人に体感してもらうことで、課題を解消して不安をとり除いていきます。

立ち上がり動作の重要性

手すりをつければ、立ち上がりができるようになると考えがちですが、じつはここに、大きな落とし穴があります。立ち上がるための動作によっては、立ち上がりを阻害してしまうことがあるのです。

では実際にやってみてください。まず（図1）のように、椅子の真ん中に座ります。次に、背中を背もたれにつけて天井を見て、足を前に伸ばします（図2）。足はしっかりと床につけたままにし、天井から目を動かさないようにします。そして、その場で立ち上がってみましょう。

（図 1）

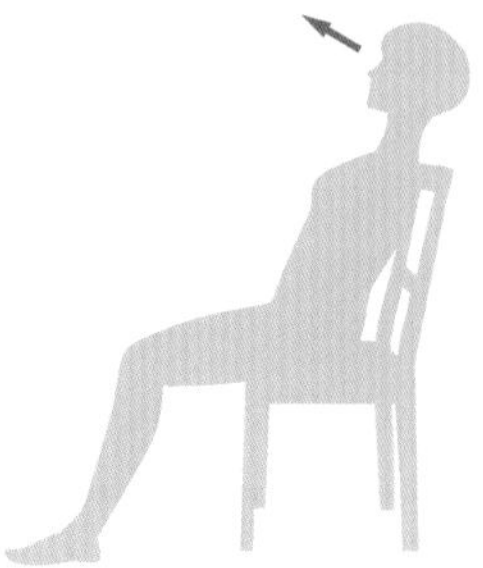

（図 2）

立ち上がれましたか？　この姿勢では立ち上がれないことが当たり前なのです。この姿勢は、体が伸びた状態で「伸展」していると言います。

脳疾患の方の場合など、片方の手足が麻痺して動かないことを想像してください。たとえば左側に麻痺がある方は、麻痺した左足が前に残り、そのために体の位置も後ろに傾きがちになり、まさに（図2）に近い状態になるのです。その体勢のまま手すりを使って立ち上がろうとしても、うまくできません。

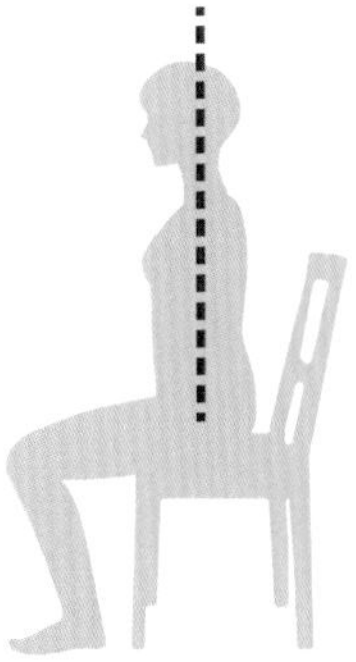
（図3）

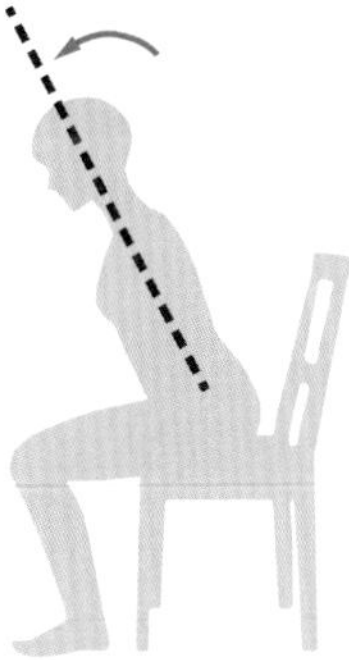
（図4）

（図5）

普通に座っている状態（図3）では、重心位置が真上にあります。立ち上がり動作で大切なことは、まず重心位置を立ち上がる方向である前側に移動します（図4）。その際に足を手前に引くことで、体が曲がった「屈曲」の状態になることがポイントです。この体勢をつくれば、自然とお尻が浮き上がってきますので、足の裏でしっかりと体重を支えれば（図5）、大きな力を必要とせずにスムーズに立ち上がることができます。

先ほどの左麻痺の方の場合では、麻痺側の左足を、健側《けんそく》の右手で手前に引き寄せてから、右手でしっかりと手すりを持って立ち上がるようにします。そういった動作ができる位置に手すりを設置することが必要になるわけです。

パーソンデザインに求められる人的要素

☑趣味嗜好からその人らしさを知る

家の中には、ご本人のことを知るためのヒントがたくさんあると思っています。たとえば、家に飾ってあるものなどから、ご本人の趣味や習い事、興味をもっていることがわかります。壁に掛かっている賞状などを見て話を広げていくと、その方が長年携わってこられた仕事や、今まで地域の中で頑張ってこられた活動などを知ることができます。

こうしたコミュニケーションを深めていくことで得られたその方の「人となり」からは、住まいに対するこだわりや、家屋や家具などへの思い入れの深さと、その歴史などを感じとることができます。また、じゅうたんの柄や壁の絵画などの話から、その方の好きな色やデザイン性の考え方などを理解することができるのです。

☑ライフストーリーをお聞きする

生まれたときの環境や幼少期のこと、長年勤められた仕事の話や仕事場での経験談、震災（阪神・

淡路大震災）の話や、年齢によっては戦争の体験談など、その方のライフストーリーをお聞きすることから、その人らしさをより深く知ることができます。

パーソンデザインの考え方では、障がいをもつことで生まれる建築的バリアを、建築的アプローチだけで解決するのではなく、その方のくらしの「幸福度」を上げることを重視しますので、そのためにも、その方の人となりをより深く知ることは大切なことです。

また、その方のライフストーリーから学ばせていただくことは、自分の知見を広めていくのにも役立ちますし、なにより自分自身の成長にもつながることを、多くの出会いのなかで実感しているのも事実です。

☑くらし方を知る

これまでの日常のくらし方を知ることが重要だと考えています。ご本人がこだわってこられたことや、日常生活において気をつかわれていること、生活のリズムなどにも触れながら、今までのくらし方を教えていただきます。

じつはここで、趣味嗜好、ライフストーリーなどをお聞きしたことが役に立つのです。それは、生活のリズムやくらし方にリンクしていることが多いからです。考えてみてください。自分の楽しみを大切に思うことはみな同じで、生活のなかに根づいているものなのです。こうして、ご本人の人となりやご家族の「思い」を教えていただくことが、より質の高い改修計画を作成するのにあたっては、必要不可欠な情報であるということがおわかりいただけたと思います。

パーソンデザインに求められる建築的要素

間取りのトレースをして現状を把握する

家づくりの具体的な計画を立てるためには、お住まいのお宅の間取りが必要です。建築時の図面をお持ちの場合はコピーすることもありますが、お持ちでない場合は方眼紙などを使い、間取りをトレース（写し書く）して図面化します。ご本人の生活動線（動きの流れ）を図面上で確認すると、俯瞰《ふかん》した状態で理解することができ、ご本人やご家族にもわかりやすく説明することができるようになります。

ご本人にとってのバリアを見つける

トレースした図面などに段差や開口寸など改修時に必要な場所の寸法を計測して書き入れ、家の状況を視覚化できるようにします。ここで、「医学的要素」や「人的要素」で得たご本人の情報と掛け合わせるかたちで、ご本人にとっての「バリア」を見つけ出していくことになります。バリアは人によってまったく違うため、とらなくていいバリアも存在しますので、ご本人とのコミュニケーションを大切にして、丁寧に話をしながらバリアを見極めていきます。

用具を使って課題を見つける

初回に訪問するときには、事前に入手した医学的要素の情報などから、身体状況をある程度予測して、バリアを見つけ出すのに役立つ手すりやシャワー椅子など必要と思われる用具を持参します。そして、その方の身長や握力、可動域などの医学的情報をもとに、実際に動いてもらいながら手すりの位置などを決めていきます。決めた位置には養生テープなどでマーキングし、私たちが帰ったあとも再度確認してもらえるようにしています。事前の用意ができていないときは、家にある椅子をお借りするなど臨機応変に対応し、特にトイレやお風呂、寝室やリビングなどの動作確認は重点的に行い、バリアとなる課題を明確にします。

多方向から撮影して全体をとらえる

最後に、家全体を把握して確認ができるように写真を撮ります。助成金の申請に必要な手すりの取り付け位置にマーキングしたところの写真や、敷居の段差にメジャーをあてた写真のほか、玄関から廊下にかけて全体を見渡せる写真や、トイレ全体がわかる写真も撮影し、計画図面を作成するときに、手すりの使い勝手の再確認やアプローチの検討をするために使用します。課題となる場所においては、多方向から撮影しておくことが重要で、全体をとらえることができ、改修計画の立案に役立ちます。

パーソンデザインを実現するために心がけること

person design

人間関係の構築に必要なものとは

ここまで、障がいをもつ方が安心して自分らしくくらせる家をつくるには、パーソンデザインの考え方で計画を立てることが大切であることをご説明してきました。そのためには、医学的要素、人的要素、建築的要素の3要素の情報を、しっかりと収集することがなによりも重要だと考えています。

ですから、障がいをおもちのご本人とご家族には、パーソンデザインの家づくりを実現させるために必要となる情報を、お話しいただける範囲で、できるだけ具体的に聞かせていただけたらうれしいです。そして、改修計画を立てられるセラピストの方や、建築設計会社の方々は、お一人お一人に合わせた生活のあり方を想像して、パーソンデザインの考え方を参考に実践してみてください。こうして、ご本人やご家族に寄り添ってつくり上げる改修計画は、きっと素敵なものになるでしょう。

また、でき上がった改修計画については、2次元で表された図面だけでは、実際にどのような空間になっていくのか、ご本人やご家族には理解しにくいものです。そこで、より具体的にイメージしていただくために、家の中の空間などを利用して、図面の2次元を3次元に置き換える工夫をするなどして理解を深めることや、メーカーのショールームや展示場を利用して、実際に体感してもらうことを重視しています。

さらに、材質や色づかいにも考慮した、わかりやすいプレゼンテーションをすることも大切です。これからのくらしを、ご本人やご家族によりリアルに想像していただくことが、不安の解消につながります。

ここからは、パーソンデザインを提唱する私が大切だと感じていること、意識していることについてお話ししていきたいと思います。

「自分ごと」として考える

私は、いつも第三者ではなく、自分の親だったら？　自分だったら？（＝自分ごと）を前提に考えるようにしています。人ごとではなく、いかに自分ごとにするか。そうすることで、見えてくるものも多くあると考えています。

そこで、まず自分のこともさらけ出すように心がけています。自分のつらかった経験や生い立ちの話、この仕事に対する思いなどを伝えながら、ご本人が話をしやすい状況をつくります。そうして、単にお話をお聞きするだけでなく、より深く共感し、ご本人の気持ちに同調しながら、「自分ごと化」していくようにしています。

☑喜怒哀楽がもたらす関係性を築く

私は、ご本人やご家族とお話ししながら、一緒に泣いたり笑ったりしています。ときには、「それはあかんで」と怒ったりすることもあります。喜怒哀楽をできるだけわかりやすく、あえて出すようにしています。こうして同じ目線で向き合うことで、ご本人の本音や真の思いが引き出せるのだと思っています。うわべだけでなく、腹を割って話す。ご本人にとことん向き合うことで、深い信頼関係が生まれていきます。

☑俯瞰的にとらえることも重視する

他人ごとではなく、自分ごととして見てみると、そこにくらしているご本人やご家族でさえも気がつかないことが見えてくることもあります。

その一方で、設計者という立場で、同時に俯瞰的に見ることも重要視しています。一歩引いたところで考えて、何が必要でどうすればいいのかを見極める視点をもつことによって、冷静に判断することができるからです。

「自分ごと」として気持ちを中に入れて見る目と、一歩離れて俯瞰して見る目を同時に行うというのは、言い換えれば自分が二人の人間になるというイメージです。そうして、「同化する＋俯瞰で見る」の二つのアプローチを行うことで、本当に必要な住まいの環境づくりが提案できると思っています。

☑家族目線で話をする

建築においては、設計者と依頼者という関係性で話を進める方もおられると思いますが、私は家族目線で話すことを意識しながら、話を伺うようにしています。

たとえば、年配の方のお宅を訪問するときは「おとうちゃん」「おかあちゃん」と、息子の立場で話をすることが多いですし、障がいをもつお子さんの場合は、まず名前を教えてもらい、「○○ちゃん」と親御さん目線でやさしく話すことを意識します。ときにはお友達目線で話をすることもあります。目線を同じにすることで、関係をより深く築くことが大切だと考えています。

☑遊びを通したコミュニケーションから理解する

知的に障がいをもつお子さんとの意思疎通が難しいことがあります。その場合に、親御さんとだけ話すことをしていないでしょうか。

しかし、まず大切なのは、テーブルについて親御さんと話すのではなく、床の上に座っているご本人の横に座り、同じ目線になることです。こちらが心を開いてほほえむことから始めてみてください。そこにはきっと一瞬にして楽しい空間ができるはずです。そして、ご本人が求める遊びにどっぷりはまってください。心から弾ける笑顔を見れば、ご自身の心も満開の花で満たされることでしょう。

ただし、そのやりとりのなかで、俯瞰的にご本人の動きを見ることも忘れないでください。ご本人のできること、やりたいこと、そして大切にしていることを見つけることが大切だと思っています。パーソンデザインでは、遊びのなかで生まれるコミュニケーションから理解することができる、ご本人のＡＤＬ（日常生活動作）を見極めることが求められます。その結果、ご本人のできることを引き出せるようになるのが理想です。

生活に密着した会話を大切にする

私は、家事が好きなほうで、洗濯物をたたんだり料理を作ったりもします。特にスーパーでの買い物が大好きで、特売にいつも目を光らせています。じつはこのなにげない日常の行動から生まれる会話が、人間関係の構築にとても役に立つことがあるのです。「ここの商店街のスーパーは、安いうえに野菜が新鮮でいいですよね」「水曜日は肉や卵が10％引きでお買い得ですよね」など、買い物の話題で会話が弾んで場が和みます。

ほかにも、好きな料理の話やテレビの話題などの雑談をすることで、自然と人間関係が築かれていくと思います。共通の話題があって、「わかる、わかる」と共感し合うことの大切さ。このひとことで、お互いの距離が近づくのを感じることも多くあります。

思いを受け止めて工夫を惜しまない

障がいをもつことで、今までできていたことができないもどかしさや、できないことへのいらだちのストレスは、とても大きいことは言うまでもありません。そしてときには、あきらめてしまう方もおられるほどです。

しかし、考えてみてください。誰しも自分のことは自分でやりたいと思うものです。その思いをしっかりと受け止めて、計画を立てることが大切であると考えています。もちろん、転倒のリスクが伴うこともあるかもしれませんが、それは私たちの日常でも大なり小なりあることなのです。その一歩が次につながるのは確かだと思います。「やりたい」と思われることへの工夫を、決して惜しまないようにしています。

☑動線と導線を考える

第1章でご紹介したように、同じ障がいをおもちの方でも、体の状況や動作の違いで必要な対処法が変わってきます。そのため、今までの日常生活のなかでなにげなく行っている「慣れ」にも注目する必要があります。

というのも、ときには、体の変化に合わせてついやってしまう無理な姿勢での行動さえも、いつしか「慣れ」になっていることがあるからです。そのことを見極めながら、見逃さないことも大切です。

くらしやすさを考えるためには、ご本人の「動線」をしっかりと確認することが重要であるのはもちろんですが、それに加えて、日常のなにげない動作をしっかりと注視しつつ、ご本人の動きを導くための「導線」を考えることも必要だと思います。そうして、より安全で安心したくらしを実現していきたいものです。

在宅での生活を始めるにあたり役立つこと

ご本人やご家族を苦しめる問題の対処方法

person design

　ここまで、障がいをもつ方の「生きる力を引き出す住まい」を実現するために、私が実践してきた「パーソンデザイン」の考え方に基づく家づくりと、そのために日頃から大切にしていることについてお話しさせてもらいました。

　第1章でご紹介した6組の方のお話と照らし合わせてお読みいただくことで、同じ障がいをおもちの方でも、お一人お一人の体の状況によって、その方にとってのバリアはまったく違うもので、一般的に言われているバリアフリー住宅などの概念が通じないことにお気づきいただけたのではないかと思います。だからこそ、お一人お一人に寄り添って、その方に合わせた使いやすさを実現する、その方のためのデザインであるパーソンデザインが求められているということを、本章でさらに実感していただけたのではないでしょうか。

　私がお会いしてきた方々は、ご本人もそのご家族も、多かれ少なかれ誰もが不安を抱えておられます。たとえば、ある日突然、事故に遭われたとします。その後、リハビリ病院から退院するという場面を想像してみてください。これから自分の生活はどうなるのか？　家族に大きな負担をかけてしまうのではないか？　加齢とともにこれからどうなっていくのか？　など不安にさいなまれることになるでしょう。一方、ご家族はご家族で、日々の生活をどうやって回していけばいいのか？　実際に私が介護できるのだろうか？　もし何かあったらどうしたらいいのか？　などさまざまな不安を抱くことになるでしょう。

本章を締めくくるにあたって、障がいをもつことで起こる、ご本人やご家族を苦しめることになる問題を整理して、各問題の根源となる外的な要因とは何か、そして、その対処方法として有効となり得ることは何か、ということについてお話ししようと思います。

☑入院中の不安を解消するには

突然事故に遭われたり病気を発症されたりして、人生半ばで障がいをもつことになった方の多くは、入院中、自分をとり巻く社会が180度変わってしまったかのような不安の渦中におられます。そうしたなかで、ご自身が障がいをもつことを受け入れるための心の準備（障がい受容）の問題や、それに伴って生じるご家族の心の問題なども重なり、家に戻ってからの生活はどうなってしまうのかという、大きな不安を抱えています。

退院後の生活の不安を少しでも解消していくためには、これからの生活を想像してもらうことが大切になってきます。そこで、病院のケースワーカーやセラピストの方と打ち合わせをして、できる限り退院前に一度自宅に帰っていただくことが望ましいと思っています。リハビリ病院によっては、退院指導で積極的に自宅訪問をされているところもあると思います。

これから自宅に戻られる方は、今後のことについて一度、病院の方に聞かれることをおすすめします。その際に、可能であればセラピストの方に同席してもらえると、自宅での日常生活での課題を明確にするだけでなく、退院までのリハビリにも役立てることができると思います。できれば建築を担当される方も、具体的なくらしの提案や改修計画を立てるのに役立ちますので、同席されることが望ましいと思います。

今後の生活が想像できるのはとても大きなことで、こうした積み重ねが不安の解消につながりますし、リハビリを担当されるセラピストの方たちとともに考える、より明確なリハビリ目標は、これからの生活の大きな糧になることでしょう。

☑ 病院に長居は禁物

病院にいる限り安心できると思いがちですが、病院は病気を治すところで「長居は禁物」です。病院の人員不足といった現状もあり、ベッドの上で過ごす時間が長くなることで、廃用症候群のリスクが高まり、筋力の著しい低下などから、ＡＤＬを下げられた実情をこれまで何度も見てきました。

廃用症候群は、加齢による身体能力の低下に類似していると思っています。年齢を重ねれば腰痛やひざの痛みを抱えた人は増えてきますが、その痛みから動くことがおっくうになり、あまり体を動かさなくなると、筋肉がやせ衰えて関節の動きも悪くなることからますます動かなくなり、食欲も低下するなどの悪循環が生じます。こうして老いは進行していきます。

病院にいれば安心なので、できるだけ長くいさせてほしいと願う方は少なくありませんが、特に高齢の方の場合は、顕著に状態が悪い方向へ変わることを見てきましたので、ドクターとよく相談して、可能であれば早めに自宅に戻っての生活を考えてみてください。

☑過度の改修はメンタルを下げる

誰であっても、自分でできることは自分でしたいものです。過度に自宅を直すことは、かえってご本人のメンタルを下げることにつながることがあります。

私が経験したケースを一つお話しします。進行する難病の方が、普段足をしっかり上げて歩くことを意識しておられました。しかし、ご家族は先のことがとても気になり、建ててもらった住宅メーカーに依頼して大がかりな改修工事をされたのです。ご自宅の大きな変化を目の当たりにして、逆にご本人のメンタルは下がってしまいました。

このように、ご家族がご本人のためだと思い、過度の改修をされているケースは少なくありません。また、工事期間が長引くことで、先に述べた病院などで過ごす時間が長くなることも懸念しなければなりません。

もちろん、ご本人の今後の不安が大きく、先を見越しての大規模改修が有効となることもあります。ただ、改修計画を考えておられる方は、こうしたリスクがあることを知っておいていただきたいと思います。

☑ 怖がると転倒の危険が増す

障がいをもつ方のなかには、転倒などの不安から「怖い」という感情をもってしまう方も少なくありません。ところが、この怖いと思う感情が筋肉を委縮させてしまい、さらに転びやすい状態になってしまうことがあります。つまり、怖がることで転倒の危険が増すという悪循環が生じてしまうのです。

こうしたことはよくあることなのですが、じつは怖いと思わせている原因の一つが、ご家族からのなにげない「危ない、危ない」という言葉だったりするのです。もちろん、ご家族のお気持ちもよくわかりますが、「怖い」と思わせてしまう言葉はできるだけ避けていただいたほうがいいと思っています。

そうしたときに、ご本人の力を引き出し、安心して歩いてもらう方法として力を発揮するのが、手すりの存在なのです。手すりを持って歩くことで、安全性は大きく向上するばかりでなく、安心感は足の運びにもよい影響を与えるのです。

以前に、こんなことがありました。家の中で転倒されて、顔に大きなたんこぶをこしらえておられた方のお宅で、手すりを取り付ける工事を行いました。手すりをつけた1カ月後に訪問すると、「手すりがあると安心して歩けるわ」と、そのときには手すりを持たずにスイスイと歩いておられました。その方いわく「手すりはお守りや」とのことで、大笑いされながら話してくださいました。

☑肩の力を抜くと楽になる

退院する日が近づくと、肩に力を入れすぎてしまうご家族によくお目にかかります。肩に力が入ってしまう原因の多くは、じつは、ご親戚や友人からの「介護は大変やから頑張れ」「病院で看てもらっとくほうが安心やで」などの言葉であったりします。この言葉を聞いたご家族の多くは、「もし、家に帰ってケガをさせてしまったら私の責任だ」と、より強いプレッシャーを感じてしまうのです。

この状態は、ご家族にとってはもちろん、障がいをもたれたご本人にとってもよくありません。なにより、肩に力が入ったままで生活していくことは困難で、ご家族が倒れてしまいます。ご家族の不安をとり除き、肩の力を抜けるようにもっていくことは、私たちが果たすべき大切な役目だと考えています。

たとえば、お父さんの退院が決まり、不安がいっぱいで肩がパンパンに張っているお母さんがおられる家を訪問するときは、住まいの話をする前に必ず言うことがあります。

「そんなに肩に力が入ったままやと、お母ちゃんが先に倒れるで。お母ちゃんが倒れたらお父ちゃんはどうなんの」

「大丈夫やで、介護はなにもお母ちゃん一人で抱え込んでしなくても、ヘルパーさんや看護師さんや多くの専門家がついているから安心して」と、まずは肩の力を抜いてもらうことを最優先にしています。

☑覚悟を決めて、なるようにしかならない

もう一つ、肩の力を抜いてもらうため、私はいつもこんな話をしています。

「お母ちゃんと同じように、お父ちゃんが倒れたおうちに寄してもらうことがよくあるんやけど、そうしたとき、いつも伝えていることがあるんよ。それはね、これからもいろいろあると思うけど、まず腹を据えて覚悟を決めると楽になれるでっていうこと。それにね、もう一つつけ加えておくと、なるようにしかならへんって考えると、不思議ともっと楽になれるんよね。

考えてみて。もしお母ちゃんがお父ちゃんの立場で、危ないから、ずっとベッドにいてって言われたらどう？　嫌じゃない？　誰だって転ぶときは転ぶから、それはしゃあないことなんよ。

それは、決してお母ちゃんの責任ではないし、転んだお父ちゃんも、お母ちゃんを責めへんで。だから、なるようにしかならへんし、転ぶときは転ぶんやから、もしそうなったときは気にせんときよ。それでも、どうしても気になるようやったら、お父ちゃんに帽子でもかぶってもらい。

そうや、お母ちゃん。退院してお父ちゃんが帰ってきたら、お祝いにビールをお猪口にでも入れて乾杯してあげて。お酒好きのお父ちゃんはきっと大喜びするで。だからお母ちゃん、あんまり気よらずに、肩の力を抜いてね。お母ちゃんの笑顔は素敵なんやから、ど～んと構えて笑い飛ばすくらいでいてよ。お母ちゃん、自分の体のことも大切に考えてよ」

これから末永く共にくらすご家族とご本人が、少しでも楽になられることを願ってお話をしています。こうしたことが、皆さまの参考になり、お役に立てれば幸甚です。

第3章

パーソンデザインで考えるトイレとお風呂

毎日のくらしで大切な水回りを安全で快適に

person design

第1章では、同じ障がいをもつ方でもお一人お一人の身体状況は大きく異なり、その状況に伴って求められる要望も変わってくること、また、その要望をかたちにし、くらしを支えるための環境を実現していくという点についてもお伝えしました。この第3章では、住まいづくりを考えるなかで最も要望が多い、生活の基盤となるトイレとお風呂に焦点をあてて、多様な障がいをもつ方のご要望に対して、それをいかに具現化して対応しているのかをご紹介します。

ところで、日本人がどれくらいトイレやお風呂を利用しているのか考えてみましょう。排便と排尿を合わせて平均すると、トイレを利用するのは1日7～8回になるようです。仮に利用する期間を80年として計算してみると、8回×365日×80年で「23万3600回」になります。お風呂は、1日1回利用するとして「2万9200回」になります。こうして見ると、一生のうちでどれだけトイレやお風呂にお世話になっているかということに気づかされます。

トイレとお風呂の改修計画を立てるにあたっては、第2章でお話しした「パーソンデザイン」の考え方をしっかりとり入れて、その方の生活環境やご家族にも気をくばったプランが求められます。そのうえでその方の思いにしっかり寄り添いながら、ご自身の力を最大限に生かすことを考えて、進めるようにしていかなければなりません。

私は、「自分でできる」という喜びは生きる力を大きく引き出すことができるのを、これまでたくさんの方に出会うなかで何度も目の当たりにしてきました。その輝いた笑顔を引き出すために、くらしの基盤となるトイレとお風呂の改修計画においては、細かい点にも気をくばり、メリットの陰にひそむリスクにも注意しながら進めていくことが大切であると思っています。

パーソンデザインで作り上げるトイレ

自分で行きたいという強い思いをかなえるために

person design

私はこれまで、トイレに行けなくなると、生きる気力が目に見えて下がることを何度も経験してきました。私が経験した阪神・淡路大震災や、その後、全国で起こった大災害でボランティアとして何度も出向いた際にも、トイレがいかに重要であるかを体感してきました。まさにトイレは「生きる力を引き出す」場所なのです。そして皆さんもそうだと思うのですが、トイレは誰にも見られたくない場所であり、一人で心落ち着いて過ごせる場所でもあります。それは障がいをおもちの方も当たり前のように強く思うことなのです。「自分でトイレに行きたい」と思うことは誰にとっても重大な問題であり、メンタル面から考えて最も大きな希望と言っても過言ではないと思っています。だからこそ、私がこれまでの仕事のなかでいちばん大事にしてきたのが、安全で安心して使えるトイレの環境を整えることであり、トイレを重要視しているのです。

トイレの計画を立てるにあたっては、ご本人のできることをしっかりと受け止めて、細かい点にも気をくばりながら「できる」を最大限に生かす工夫を惜しまないようにしています。

トイレの整備で多い要望

1. トイレへの出入りとアクセス

入り口の段差や開口の広さなど、トイレへの出入りがしにくい状況の改善。アプローチにトイレキャリーの使用を検討する場合は、福祉機器の大きさの確認と使い勝手などを見極めます。

2. 便座への乗り移り

便器の高さや便座機能の見直し。昇降便座など福祉機器の併用を提案する場合は、その使い勝手も検討します。

3. 和式から洋式への改修やトイレの新設

和式便器の場合は洋式便器へのとりかえ。既存のトイレへのアプローチが困難な場合においては、トイレの新設について検討します。

トイレの改修での落とし穴――メリットの陰のリスク

一般的に市販されている便器（陶器部分）の高さは、日本人のひざ下の長さ（下腿長《かたいちょう》）に合わせて変化しています。1980年頃までは35㎝だったものが現在では37㎝と2㎝高くなり、それに加えて38㎝の便器も普及しています。便器にのせる便座の高さは、普通便座が2㎝程度で、温水洗浄便座が4～5㎝になり、便器と便座を合わせた寸法が座面の高さとなります。落とし穴となり得る例としては、立ち座りが不自由な方に対して便座の高さを上げようとする考え方です。

私たちは、排便のときにおなかに力を入れて便を押し出すようにしています。このことを「腹圧」をかけると言いますが、しっかりと足を床につけて、上半身を前に曲げるようにすればおなかに力が入ります。この体勢を「屈曲」と言い、重要な動作を表す言葉としてよく使われています。すなわち、屈曲姿勢をとることで腹圧をかけて、便を出しやすくしているわけです。

たとえば身長が145㎝の女性のトイレで、立ち座りが楽にできるようにと便座位置を上げたとすると、足が床から離れてしまい、屈曲姿勢がとれなくなってしまいます。こうして腹圧がかけられなくなると便が出にくくなり、排泄に障がいを引き起こすリスクが生まれてしまうのです。トイレの改修計画を考えるにあたり、すべてがうまくいくことばかりでなく、メリットの陰に隠れているリスクを把握することを忘れないでください。

ここから、お一人お一人が抱える課題を解決するために、空間をうまく利用し、身体状況にも十分に考慮したパーソンデザインで考えるトイレをご紹介します。

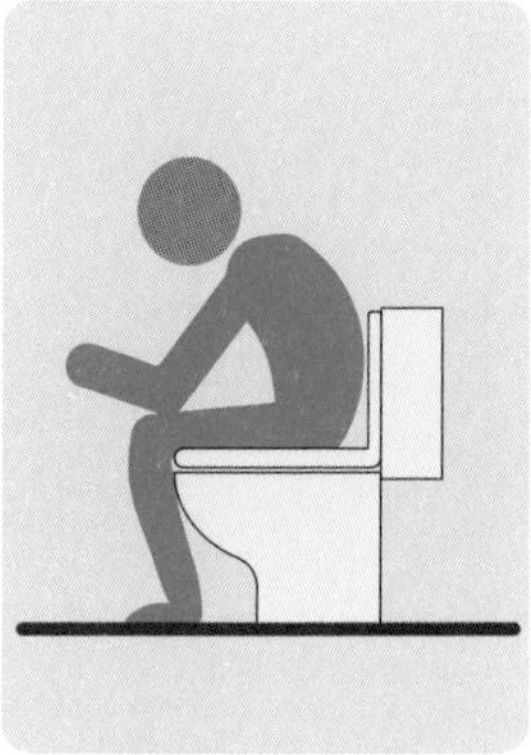

腹圧をかけて排便

座面を上げる補高便座

Aさん（心臓疾患）和式便器にしゃがむのがつらい

狭小トイレに対応したコーナー便器

Before

狭小の和式トイレ

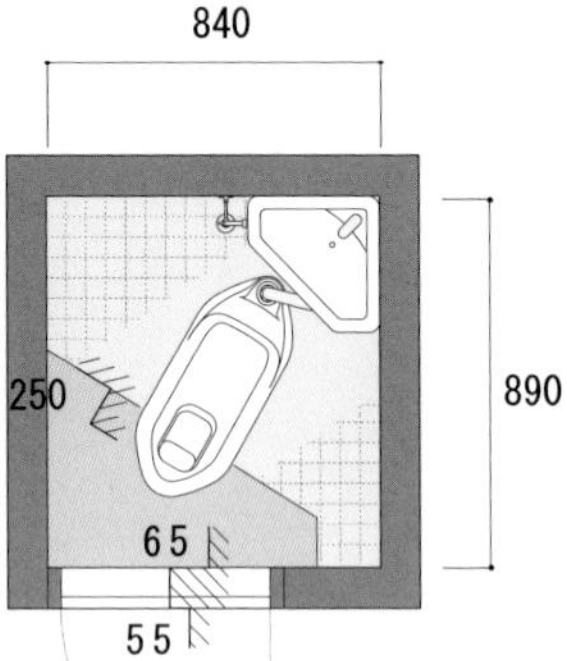

入り口に段差あり

※図面の数字の単位は㎜です

とても知識が豊富なAさんは、心筋症による心臓に対する負担の軽減を考えて、和式トイレをつくり変えて洋式便器にゆっくり座れるようにしたいと思っておられました。ところが、ご自宅のトイレの空間は奥行きが89㎝と狭く、一般の洋式便器が収まりません。

そこで、この空間に対応するために、奥のコーナーに収まるように設計された便器を使用することにしました。この便器は、三角のタンク部分と便器が一体化した洋式便器で、コーナーリモデル便器と呼ばれています。狭小のトイレ空間で最も距離がとれる対角線上に便器を据える考え方でつくられており、空間を最大限に生かして洋式化することが可能になります。

また、改修にあたっては、入り口の段差も同時に解体

コーナーに据え置く便器

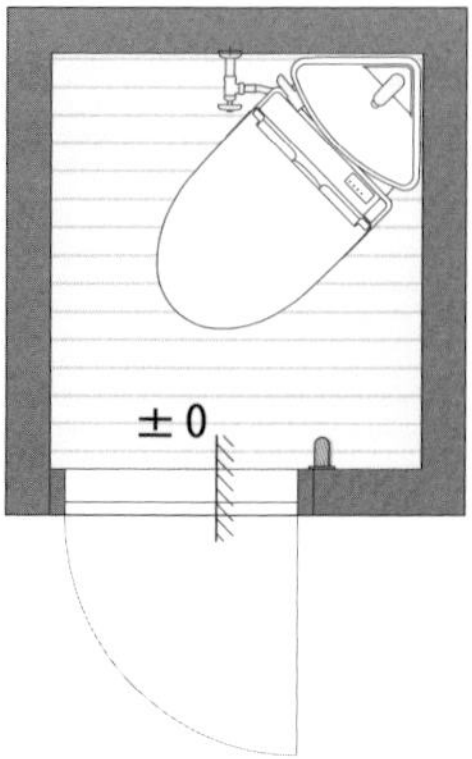

段差を解消し建具を交換

して撤去することで、より快適に使用することができるようにしています。洋式トイレへの改修が完了して、日常生活の質を上げていただくことができました。改修後には、Aさんだけでなく奥さまもとても楽になったと大喜びされていました。

　狭小の和式トイレを洋式便器にとりかえる方法を考えるにあたり、このコーナーリモデル便器以外にも使えるものとしては、便器後方にあるタンクがないタンクレス便器や、タンクが半分ほどの厚みでできているコンパクト便器などもありますので、ご自宅のトイレの広さや使い勝手に合わせて検討されるとよいと思います。

　また、洋式化する際に切り離せないのが水洗化の問題です。下水普及率が都市部はほぼ１００％に近いのに対し、30％ほどしか普及していない地域もあります。下水が整備されるのに伴って洋式化が進んできた日本のトイレ事情から考えれば、和式便器も多く使われているのが現状です。一方、排便のときに腹圧をかけやすいことから、あえて和式便器を使っているケースもあります。

person A

Bさん（脳内出血右麻痺）トイレキャリーを使えるようにしたい

段差を解消し入り口戸の開口を広げる

Before

入り口に段差、建具はトイレ用

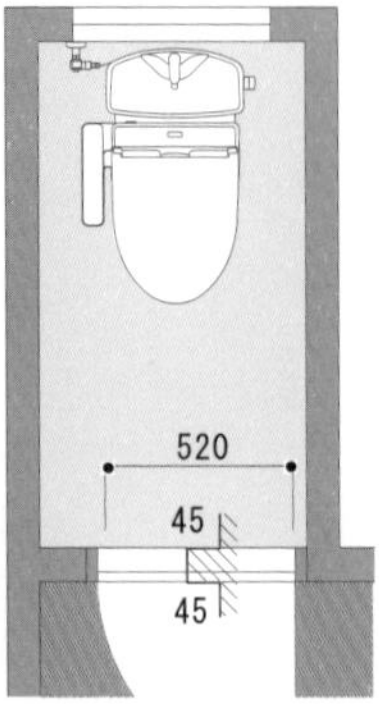

袖壁あり

小柄でいつも穏やかなBさんは脳内出血で右麻痺があり、立位が厳しく室内でも車椅子を使用されています。排泄はおむつではなくトイレでしたいとの強い思いで、病院のセラピストと相談され、お風呂でも使用できるトイレキャリー（水回り用の車椅子）を使う予定です。

トイレキャリーを選択するにあたり、座面の下に大きな空間があり、排泄後の洗浄機能も使用可能なタイプにすることにしました。このキャリーは、タイヤの外の幅が52㎝ですが、Bさんの家のトイレの入り口には4・5㎝の段差があり、また開口寸は52㎝でキャリーと同寸法ではあるものの、キャリーが少し傾けば建具枠を擦《こす》ってしまう寸法であるため不安を残す状況でした。

そこで、このトイレの扉の横にある壁（袖壁）を解体

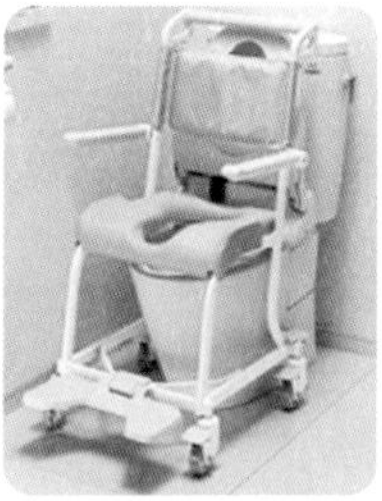

トイレキャリー

段差を解消して居室建具を新設

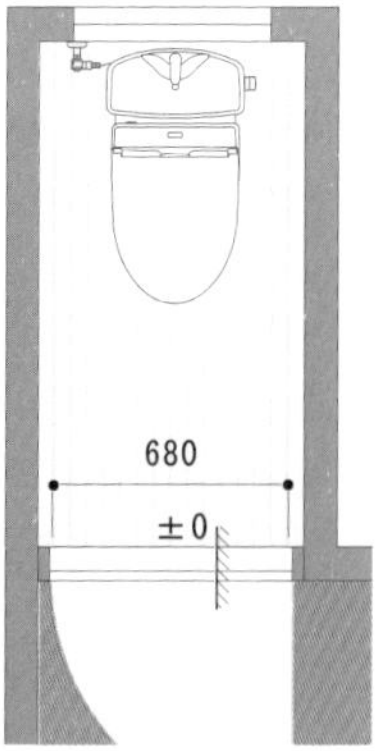

袖壁を撤去

撤去して、扉を78㎝幅の建具に入れかえることで、入り口の有効寸法を68㎝に拡張。同時に敷居の段差も解体撤去して、段差のないバリアフリー敷居に入れかえることによって、シャワーキャリーがスムーズに出入りできるようにしました。

　トイレの入り口についてのお話をさせていただくと、日本建築においては、古くから日本人の奥ゆかしさを象徴するかのごとく、あまり大きくあけないことに重きがおかれ、60㎝から65㎝の寸法で設計されていることが一般的です。その結果、有効な開口寸としては50㎝から55㎝程度になります。ですから、車椅子やシャワーキャリーを利用することが難しいのです。

　また、撤去する袖壁にトイレ照明のスイッチがある場合が多く、その場合はスイッチを移設するか、人感センサー付きの照明器具にとりかえる必要があります。

　キャリーを設置する際の注意点は、排泄後に温水洗浄機能を使用される場合、着座しないと洗浄が出ないタイプもありますので、設置する前に確認してください。

person B

Cさん（パーキンソン病）階段を上るトイレを使えなくなった

階段下の空間を使ってトイレを新設

Before

階段下の空間と物入れ

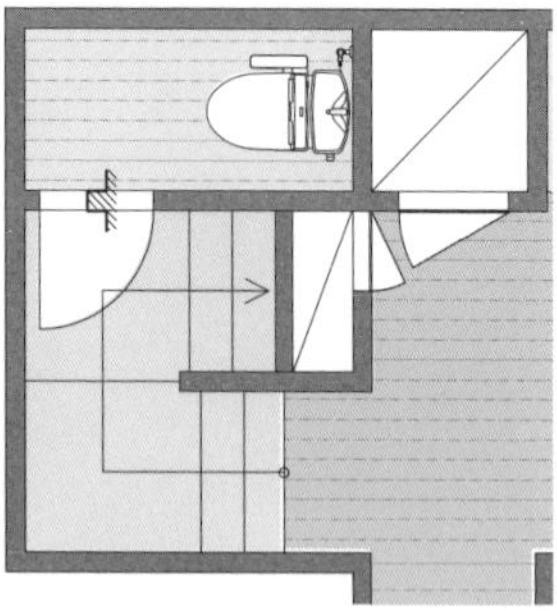

階段を上ってトイレに

本が大好きで、たくさんの本が本棚に並ぶCさんはパーキンソン病で、最近になって歩行が不安定で筋力低下も重なり、歩きづらくなりました。Cさんを担当するケアマネジャーから、階段を上らないとトイレを使うことができない家で、最近、階段の上り下りが厳しくなったのでどうしたらよいか、とご相談をいただきました。

ご自宅を訪問すると、建築された当時に流行していた、家全体の空間を利用して設計するスキップフロアのデザイン住宅で、回り階段の踊り場からトイレに入る動線でした。階段の上り下りが厳しいCさんのことを考えれば、1階にトイレを新設する必要があります。また、ご自宅で編み物を教えておられる関係で来客も多いとの話を伺っていました。

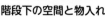

物入れを撤去し空間を広げる

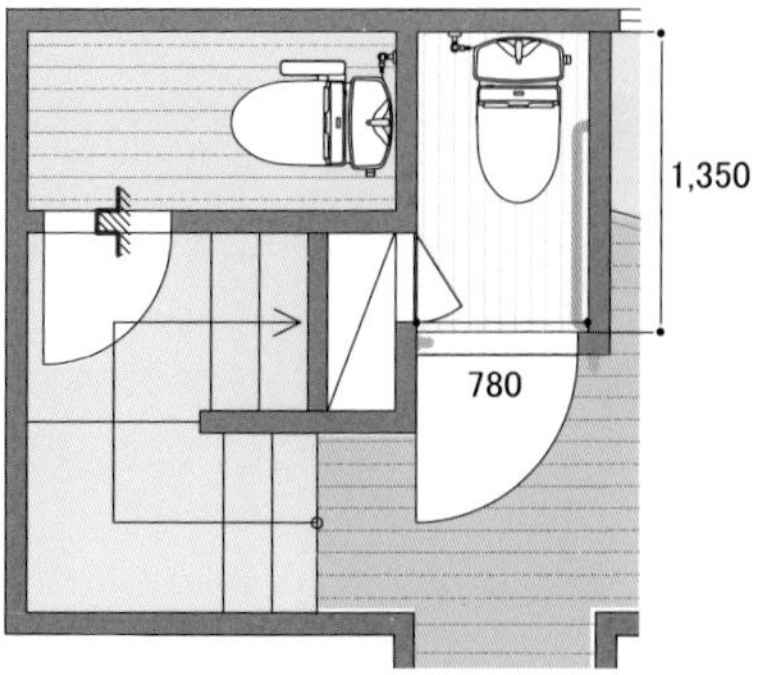

1階にトイレを新設

改めて家全体を調査したところ、玄関ホールに面した階段の下に空間があり、その奥にあった物入れも使えることがわかりました。この場所であれば来客にも対応できます。仮にここにトイレを新設する場合、外壁部に面した物入れから排水をとって、汚水桝《ます》までの勾配も確保できることもあわせて確認しました。

そこで、この階段下の空間を利用してトイレを新設することにしました。トイレスペースに合わせて新たに入り口を設けて、給排水と電気は外から引き込み、床には水回り用のフローリングを張って掃除をしやすくしました。階段下の物入れは、トイレットペーパーなどのストック置き場として使えるように残しています。

トイレが完成してから、立ち座りや移動の動作を確認したうえで手すり位置を決めて取り付け、安全に快適に使えるようにしました。数カ月後にご自宅に行かせてもらうと、仲のいいお友達と出迎えてくださり、一緒にお菓子をよばれながらトイレの話に花が咲き、おほめの言葉をたくさんいただきました。

person C

Dさん（脳梗塞右麻痺）退院後のトイレをどうするか考えたい

居室に面する広縁にトイレを新設

Before

和室に面した広縁

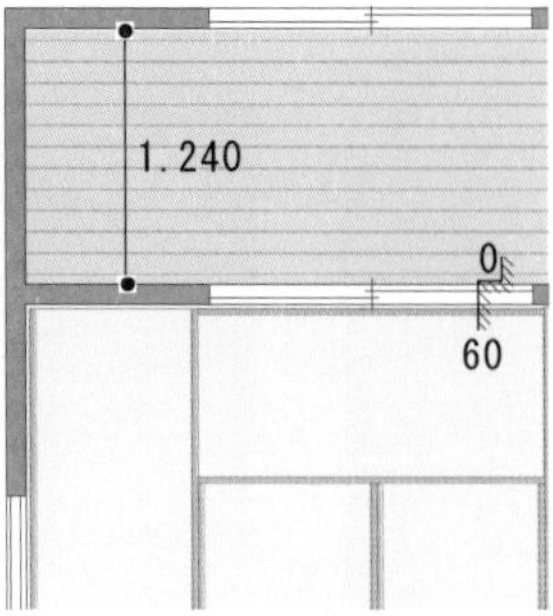

居室予定の和室

背が高く男前のDさんは、脳梗塞の右麻痺で歩行することが困難で、室内では片足を床につけて操作しやすい高さの車椅子を使用される予定でした。既存のトイレは、居室にする予定の部屋から遠く、2段の階段を下りて行くことになるうえ、空間も狭いため使い勝手がよくありません。退院に合わせて居室として使う和室を洋間にして電動ベッドを置くことが決まり、その和室に面した広縁にトイレを新設することにしました。

室内を計測すると、広縁の奥行きは1m24cmあり、和室の敷居と広縁には6cmの段差がありました。そこで、給水や排水を設けるために床を一部解体して配管し、居室の高さに合わせるために既存の床の上に根太で高さ調整をし、その上に水回り用の耐水性の高いフローリング

広縁にトイレを新設

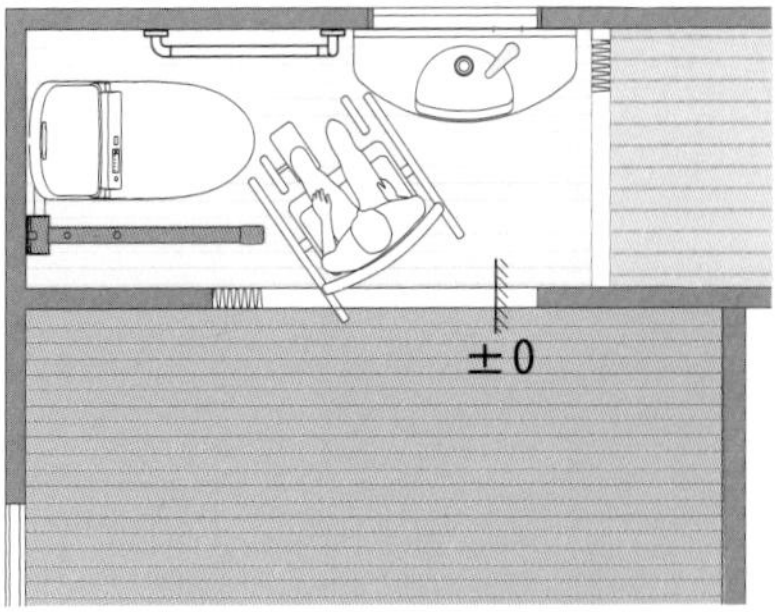

居室を洋室にして段差を解消

を張って、段差の解消も行いました。

Dさんが病院で使っていたのは、座面の高さが43㎝の低床型の車椅子でしたが、ご自宅でもこのタイプと同じ車椅子を使いたいとのことでした。そのため、トイレには温水洗浄便座を入れることにしました。そうすると、便器の高さが同じ43㎝になるのです。また、オート開閉式の機能をつけることで、便器への乗り移りがスムーズにできるようにしました。

トイレの完成後に一時帰宅してもらい、Dさんご本人の動作を確認して、手すりやペーパーホルダーの位置を決めました。洗面台も、病院で事前に洗面台の高さを計測しておいて、病院より使いやすい高さに設置しました。日中お一人で過ごされることも考えて、入り口には厚手のアコーディオンカーテンをオーダーし、開けた状態で1m20㎝の広い開口をとれるように、木枠の開口寸法を決めて施工しました。

退院後にお宅を訪問すると、病院にいたときより笑顔があふれ、元気になられた姿で迎えてくださいました。

person D

Eさん（多発性脳梗塞）便座からの立ち座りが厳しくなった

入り口を引き戸にして昇降便座で対応

Before

高さ35㎝の便器

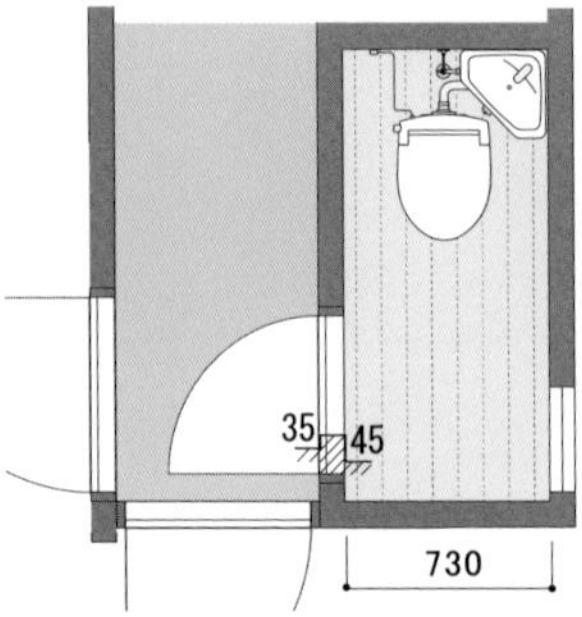

開き戸で段差あり

物静かで学者肌のEさんは、腎不全で人工透析の治療で週に3日通院されているなかで、さらに多発性脳梗塞の発症により、ふらつきや下肢筋力の低下も著しく、トイレからの立ち座りが非常に厳しい状況になり、最近では奥さまの介助が必要になっています。

そこでトイレは、高さ35㎝の便器を37㎝のものにとりかえ、便座自体が電動で動くトイレリフトを設置することにしました。採用したのは斜め昇降モードと垂直昇降モードに切り替えられるタイプの製品で、斜め昇降ではストロークが72㎝で角度が11度まで傾きます。このトイレリフトを使えば無理なく立ち座りができるようになり、奥さまの介助負担も軽減できます。

入り口にあった段差は敷居をなくして床を調整し、水

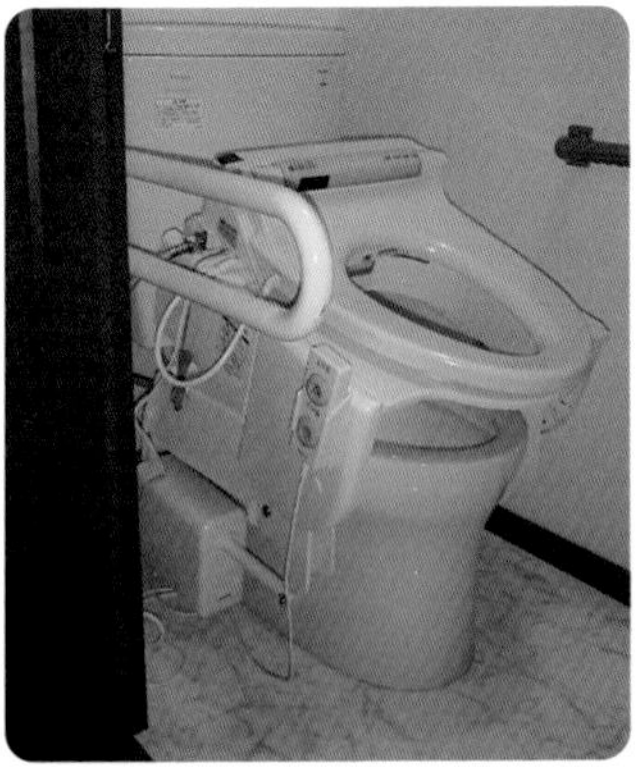

便器交換＋トイレリフト設置

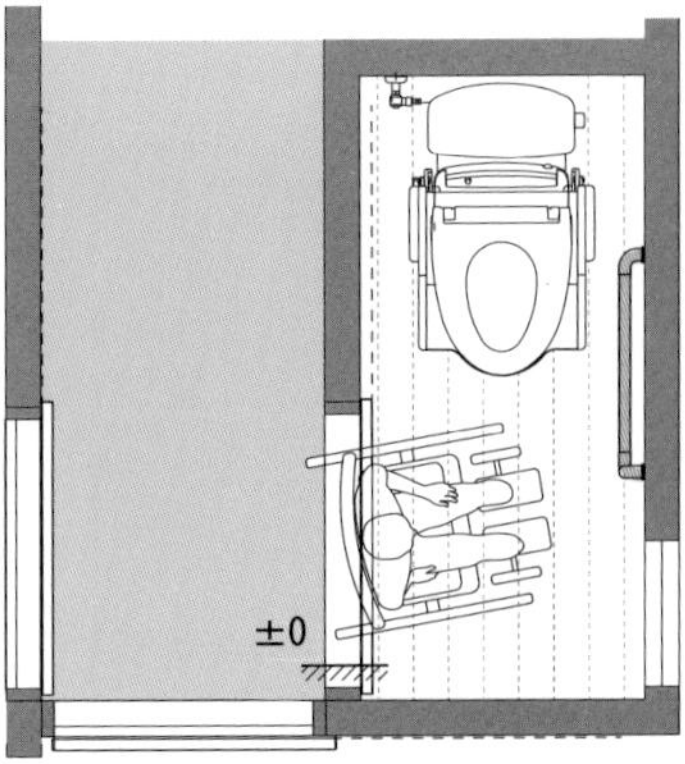

段差を解消して引き戸に

回り用のフローリングでフラットに施工しました。さらに入り口の開き戸は撤去し、廊下側の壁に取り付けられるアウトセット引き戸を設置しました。こうすると開口を少し広く使えるようになります。これは体調の起伏があることに対応するため、車椅子を使っても入れるようにと考えたからです。完成後に大喜びされたご夫妻から、ぎゅっと握手してもらったことを覚えています。

　昇降式のトイレリフトは、関節リウマチの方などでひざの拘縮《こうしゅく》が進み、立ち座りが特に厳しくなられた方にもとても有効に使っていただけます。私は今まで、関節が曲がらないリウマチで、便座に座るときにひざが伸びた状態で「ど～ん」とお尻から落ちて便座を割ったという方に何人もお会いしてきました。なかには、お尻の骨にひびが入ったという方もおられるほどでした。そのつど、このトイレリフトをすすめて設置してもらいました。

　日常生活で最も使用頻度の高いトイレにおいて、安心して使ってもらえる環境をつくり、生活の質を上げることがなにより大切だと思っています。

person E

Fさん（筋ジストロフィー）症状の進行で温水洗浄便座が使えない

筋力に合わせてリモコンの設置を工夫

穏やかでいつもやさしいまなざしで迎えてくださるFさんは筋ジストロフィーで、15年以上のおつきあいがあります。病気の進行による身体状況の変化に合わせて、そのつど対応させていただいています。今までは座位もしっかりされていて、日中過ごしている車椅子から、天井走行リフトを使ってトイレやお風呂に行っていました。

最近になって介護ベッドで過ごされることが多くなり、ベッドからトイレ、ベッドからお風呂に、この走行リフトを使って移動されているなかでのご相談です。

相談内容の一つ目はスリングシートの件で、今まで2本ベルトのスリングだったのですが、体幹を保持する筋力の低下で体が落ちてしまいそうになるとのことでした。二つ目が、温水洗浄便座の右横にあるボタンを最近になって押しにくくなったことでした。

そこで、スリングシートについては、体幹をサポート

Before

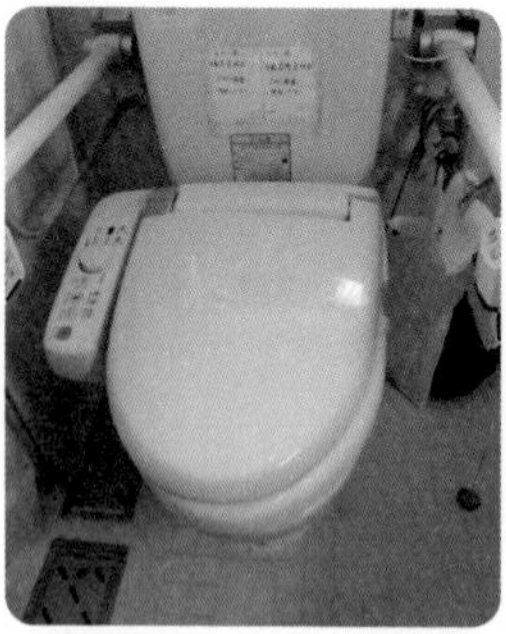

便座横にリモコンがある

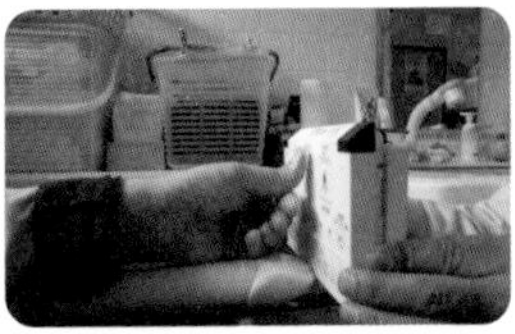

リモコンを操作

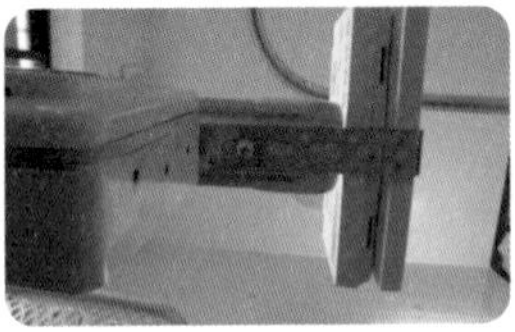

市販の金物で取り付け

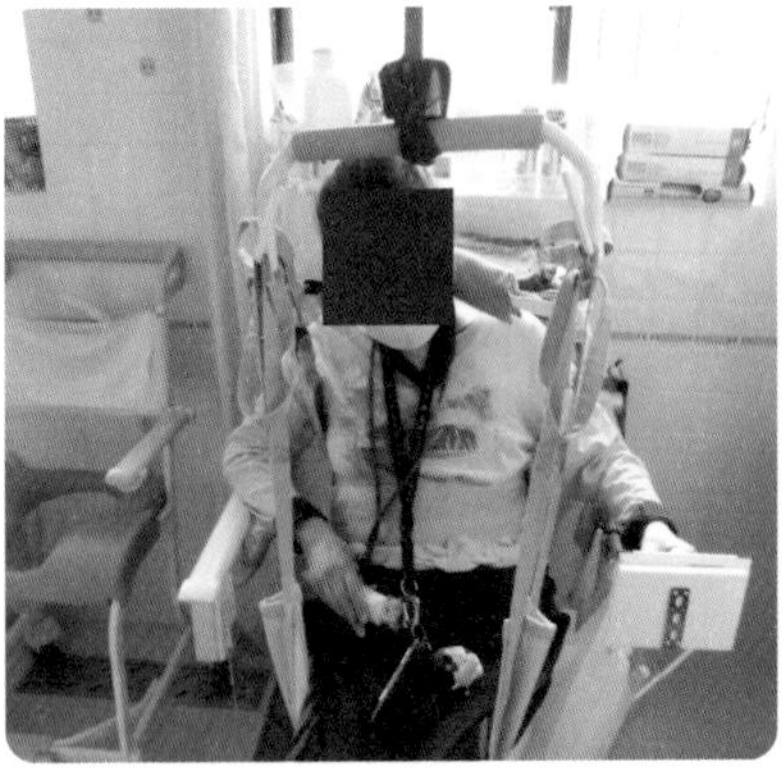

走行リフトで便器に移動

するために背中にもメッシュのシートがついたトイレ用のスリングシートを採用することで、安全に使うことができるようになりました。

次にリモコンの操作についてですが、Ｆさん宅は天井走行リフトを使用してお風呂まで進むように設計されていたために、便器の横に壁がありません。本来ならば壁に取り付けるリモコンが設置できませんし、今使っている便器横のスイッチも押せない状況です。

そこで、実際に便器に座ってもらった状態で、私がリモコンを持っていろいろな位置に移動させてみて、Ｆさんが押すことができる位置と力の入り具合を何度もシミュレーションしてみました。その結果、中指の第２関節を曲げて前に押し出すようにすれば操作が可能なことがわかり、温水洗浄便座のリモコンを既存の跳ね上げ式の手すりの下に市販の金物で固定して設置しました。

こうしてトイレを安心して使っていただける環境を整えることができ、Ｆさんもとても安堵《あんど》され、これからも末永くお願いしますとほほ笑んでくれました。

person F

Gさん（先天性ミオパチー）体幹が悪いので安定して座れるように

跳ね上げ式手すりで腹圧もかけやすく

少しはにかみ屋さんでチャーミングなGさんは先天性ミオパチーの方で、体幹機能に障がいがあるために、座っている姿勢を維持することが困難です。体幹機能に障がいがある方の場合は、トイレ内でいかに姿勢を安全に維持してもらえるようにするかを考えなければなりません。また、P95でお話しした排便時におなかに力を入れる「腹圧」をうまくかけられるようにすることも重要です。

そこで、トイレでの姿勢を維持しやすく、腹圧の姿勢もとりやすくするために、体を支えるスペースが大きく、跳ね上げができる面型の手すりを設置することにしました。使い方としては、お母さんがサポートして車椅子から移り乗って便座に座るときは、前面にある手すり台を跳ね上げ、便座に座ったあとに手すり台を前に倒して、体を台の上にあずけながらトイレを使用します。

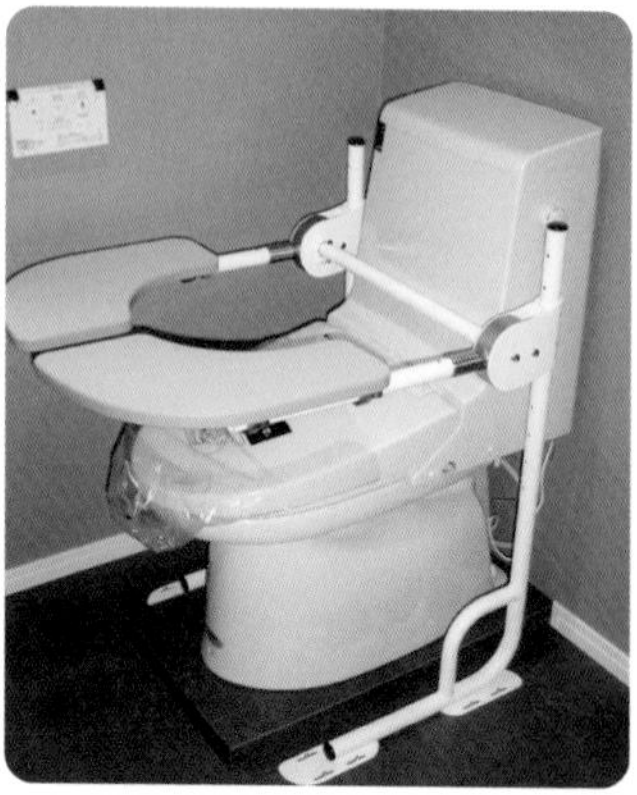

跳ね上げ式の面型の手すり

Gさんに初めてお会いしたのは小学3年生のときで、

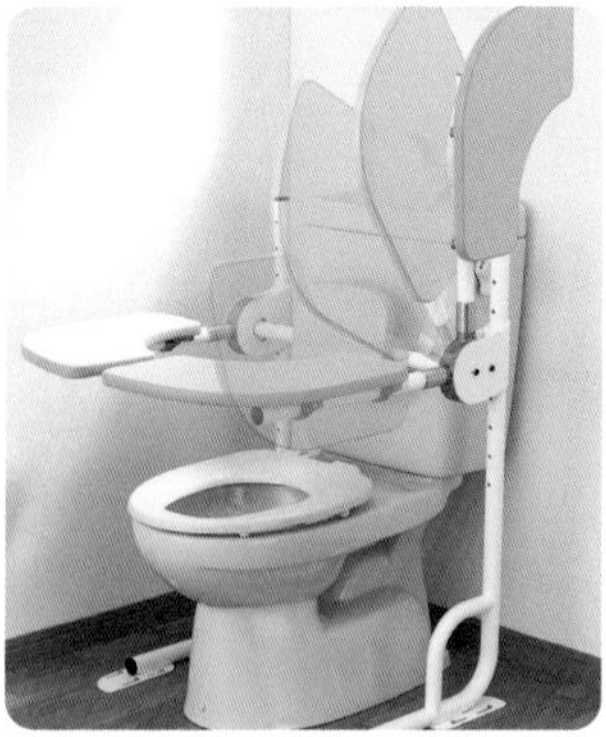

手すりが跳ね上がる様子

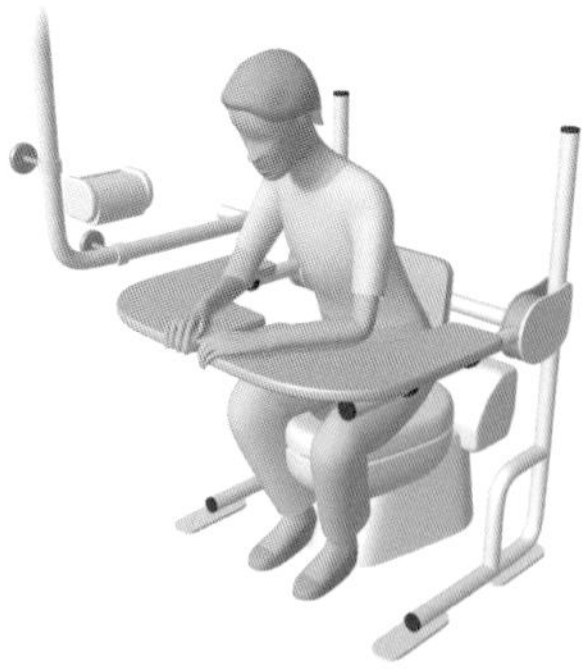

トイレ内での姿勢

笑顔がかわいいあどけない女の子でした。車椅子の前面にテーブルを装着していて、そのテーブルにひじをついて座っていたのを見て、トイレにも同じように体を前で支えることができるこの跳ね上げ式の手すりを取り付けることにしました。また、乗り移りの際にお母さんがサポートしやすいように、車椅子との高さを合わせるために既存の便器を5㎝嵩上げしました。

初めての改修から8年がたち、今まで長きにわたってうまく使っていただいた手すりも少しガタがきていたので2代目にとりかえました。これからも活用していただけることと思います。

こうした各メーカーが扱っている跳ね上げ式の手すりの種類や特徴などについては、お近くの福祉機器を扱っているお店に問い合わせることをおすすめします。特に、お子さんの成長による体の状態の変化などがある場合は、詳しくお話しいただくことが大切です。安心して快適に使っていただける機器をうまく活用して、お子さんの成長をサポートしてあげてください。

person G

Hさん（多発性脳梗塞）体の状況の変化に合わせて使いやすく

空間を広げリフト設置など柔軟に対応

Before

洗面室の奥にトイレ

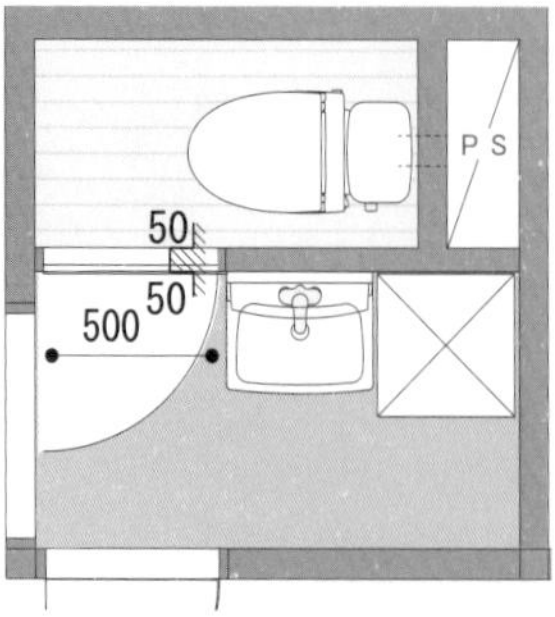

開口が狭く段差あり

いつも笑顔で迎えてくださるHさんは、脳梗塞を発症されて左麻痺があり、退院後は車椅子を利用される予定でした。ご自宅のマンションの水回りは、洗面室の奥にトイレがあり、トイレに行くための入り口には5㎝の段差があります。扉の開口スペースも50㎝程度と狭かったため、車椅子で入ることができませんでした。

そこで、洗面台を撤去してトイレ側の壁も解体し、トイレ全体の空間を広げることにしました。さらに廊下側の開き戸と壁を解体し、3枚引きの入り口戸で開口を広げます。ここで問題となるのが、戸建て住宅と違いマンションでは構造体である床のコンクリート部（スラブ）の上に洗面台の給排水の配管があり、それがじゃまになることです。そのため、トイレスペースを拡張するにあたり、洗面

トイレスペースを広げる

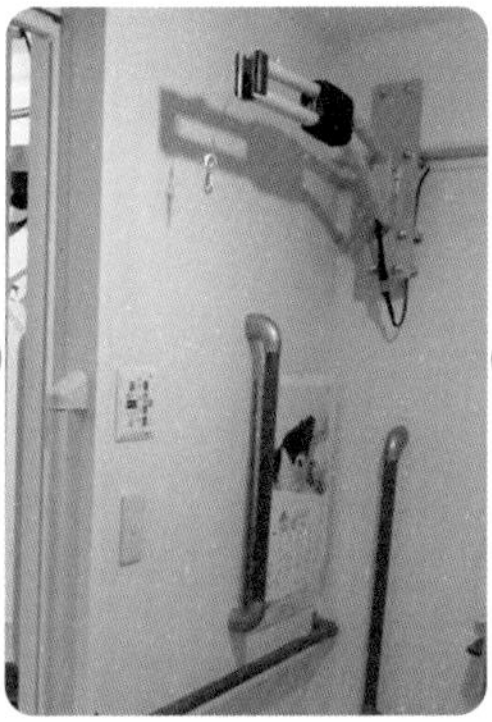

リフトの設置

リフトと台座を撤去

台を壁側に移動させて給排水を壁側にまとめ、そのための配管スペースを設けて同じ床材で仕上げました。

車椅子から便器の乗り移りを考え、一般的な便器より5㎝高い車椅子対応便器を使おうと考えましたが、Hさん宅の排水管は壁側にあるため、床排水用でのみ製造された車椅子対応便器を使用することができません。これには、高さ5㎝の台座を床と同じ水回り用のフローリングで造作して、その上に便器を設置して対応しました。こうして車椅子を使用しても便器までスムーズに移動でき、乗り移りも可能な空間ができ上がりました。

その後、脳梗塞を再発され、自力で便器への乗り移りが難しくなったHさんに対して、トイレ用の吊り上げリフトを壁面のコンクリート部に設置しました。リフトは、同居の息子さんがうまく使いこなされて、便器への乗り移りをスムーズにサポートされていました。

リフトを設置してから3年半後に残念ながらHさんは亡くなられ、必要なくなったリフトと台座は撤去し、その後、ご親族がお住まいを快適に使っておられます。

person H

Iさん（後縦靱帯骨化症）体は動きづらいがトイレを使いたい

トイレを新設して動作補助の工夫を

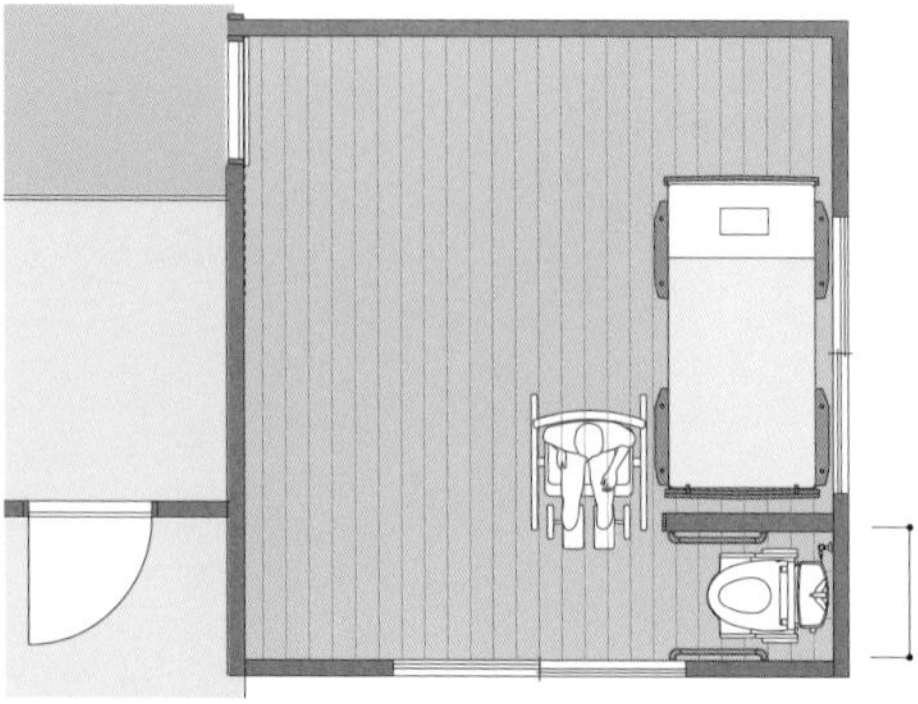

居室全体の図面：ベッド横にトイレを新設

凛とされた姿で車椅子に腰かけられているIさんは、後縦靱帯骨化症という背中の靱帯が骨化する病気で入院されていました。旧家の広い家にお住まいのIさんは、屋敷の奥の和室を使っておられましたが、退院にあたって、玄関横の日当たりのいい応接室を居室として使うことになりました。

しかし、トイレは奥の和室に近いところにあり、段差も多く、車椅子で使うことはできません。そこで、居室にする予定の応接室のいちばん奥のコーナーに壁を設けて、プライバシーを守ったトイレを新設することになりました。便器は後方排水タイプのものを使用して外部に排水を送り、家の周りにある犬走りに埋設された汚水枡に接続させて、排水の流れを確保しました。

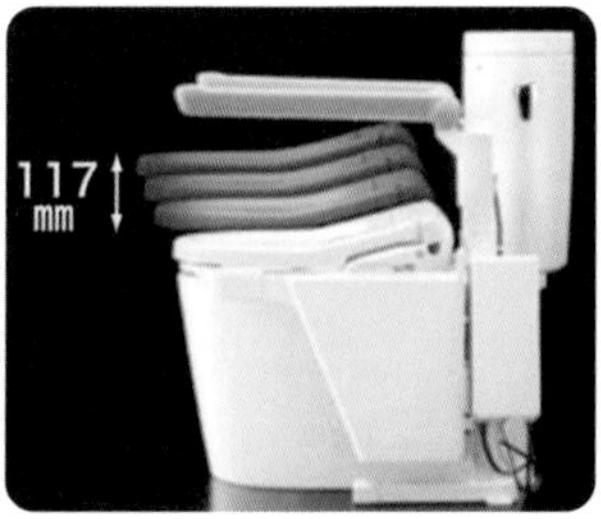

垂直昇降するトイレリフト

リフトを設置して手すりを2段に

新設したトイレはIさん専用となるため、無駄な動きをせず、安全にスムーズに座れるように扉は設けませんでした。Iさんの病気は、ちょうど背中に棒が入っているような状態になるために、前にかがむことが難しい状態です。Iさん宅でも、Eさん宅（P104）でご紹介したトイレリフトを使うのですが、斜めに昇降するモードで使用すると前に倒れてしまうリスクが高まります。そこで、真上に動く垂直モードに切り替えて使用してもらうようにしました。このモードでは、垂直方向に約12㎝（床から約50㎝）の高さまで昇降するようになり、体が前に傾くリスクを抑えて使用することができます。

さらに、より安全で転倒のリスクを軽減するための工夫として、左右に2本ずつ高さを変えた手すりを設置しました。これにより、昇降する高さに合わせて手すりを持ち替えながら、安定して立ち上がれるようになります。こうして体幹をより安定させて安全をさらに高めることで在宅での不安軽減につながり、ご本人もご家族もほっとされて笑顔が増えました。

person I

Jさん（筋萎縮性側索硬化症）筋力低下でも一人でトイレに行きたい

いざり姿勢から使える埋め込み便器

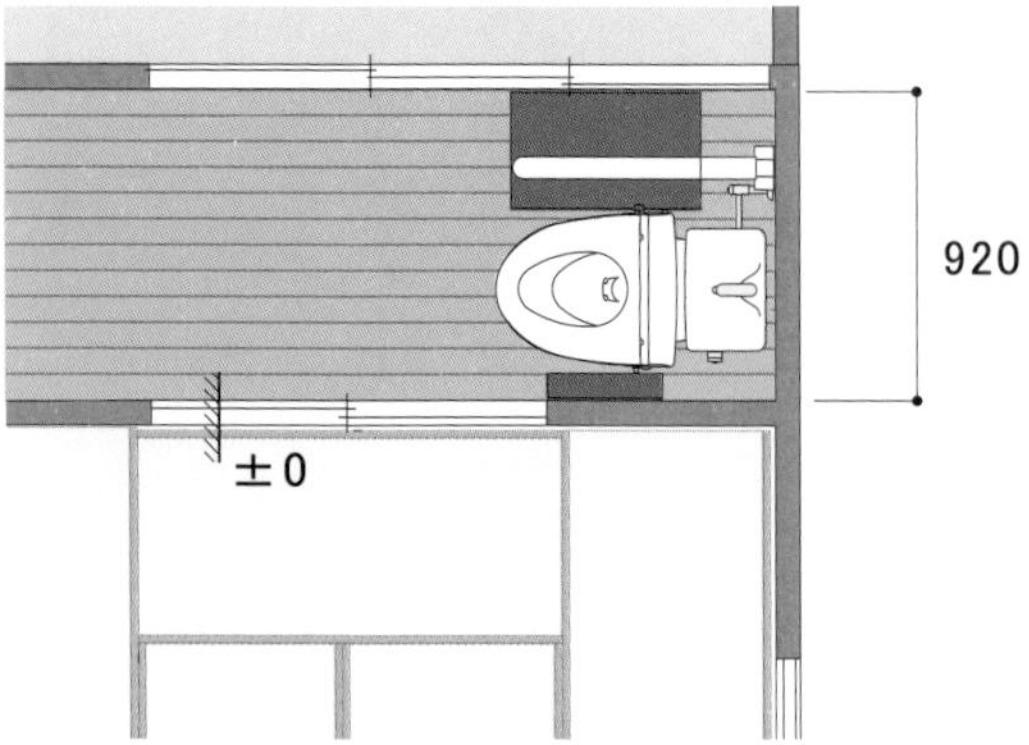

居室横の広縁にトイレを新設

自分のできることをすると強い信念をおもちのJさんは、ホーキング博士と同じ筋萎縮性側索硬化症（ALS）の方です。私は、今まで8人ほどのALSの方とお会いするなかで、筋力低下の症状が上肢から現れる方と、下肢から現れる方がおられることを知りました。進行についてもお一人お一人で大きく異なり、状態の変化をしっかりと把握することが求められます。

Jさんは、足は全廃でまったく動きませんが、上肢で自分の体をしっかりと支えて、室内での移動は足を引きずりながら進む「いざり移動」をされています。セラピストとともに身体状況をさらに詳しく知るために、簡易的に高さを変えた木製の台を会社で製作し、ご自身の力でどれくらいの高さまで体を持ち上げることができるか

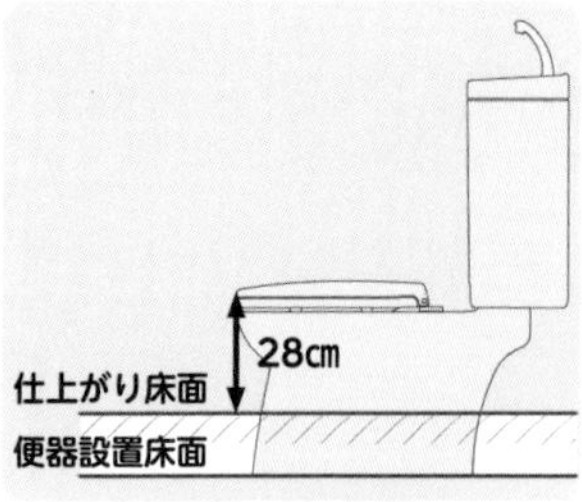

二重床の断面図

二重床にして便器を埋め込む

を確認しました。その結果、30㎝超えの高さまでであれば問題なく対応できることがわかり、便座の高さを少し下げた28㎝に設定することにしました。

もちろん、既製品でその高さの便器はありません。そこで、仕上がり床面から15㎝下げたところに、便器を設置するための床をつくりました。断面図を見ていただくとわかるように、床を二重にすることで床に便器を埋め込むかたちとなり、便器の高さを28㎝に仕上げることができるのです。

さらに、いざり体勢から体を反転しやすいように、便座の高さと同じ木製の台をつくり、安全に配慮しました。お一人暮らしのＪさんが、ご自身の体を持ち上げた状態で体を反転させて便器に座ることができたときは、私たちも感動し、一緒に大喜びしました。

Ｊさんがどのようにして座っておられるかについては、同じいざり移動で便器に座っておられる、Ｐ１１７のＫさんのビフォーの動作写真を見ていただくとおわかりいただけると思います。

person J

Kさん（脊髄性筋萎縮症）妻の介助に頼らずトイレに行きたい

トイレ内に昇降機を設置して対応

奥さま思いでいろいろなお話をしてくださるKさんは脊髄性筋萎縮症の方で、P114のALSのJさんと同じく、室内をいざり移動されています。しかし、最近になって加齢による上肢の筋力低下を感じるようになられました。

トイレは、便器に向かっていざり移動をしていき、付き添いの奥さまがお尻を「よいしょ」と持ち上げて、便座に座っていました。しかし、毎回奥さまがサポートしないと便座にうまく座ることが難しく、今後のことを心配しておられました。

降りるときは、奥さまが右手側にあった台を左手側に移動させて、その台に体をあずけながら床に手をつき、落ちるようにして床に降ります。日々のなかで体力面の不安が募ったご夫妻は、役所に相談に行かれることになり、そこから私に相談がきました。

Kさん宅の改修計画で気をつけなければならないことは、ALSのJさんは一人暮らしで、来客用のトイレが別にあるために、ご本人のためだけの改修計画で問題ありませんでしたが、Kさん宅はトイレは1カ所で、奥さまがトイレを使用されるときのことも考えて、まったく違うお二人のアプローチを可能にする必要があります。

Before

便座から降りるとき

①奥さまが台を逆側に移動

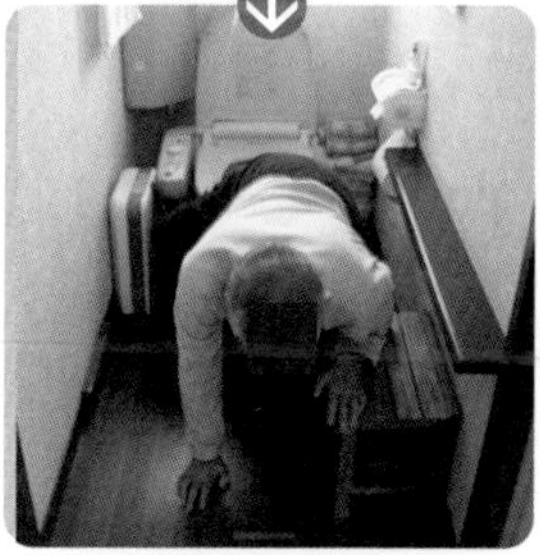

②台に体をあずける

③床に落ちながら降りる

便座に座るとき

①いざり移動で便器へ

②奥さまがサポート

③便座に座る

私は、Ｋさん宅に初めて行かせていただいたときのことをよく覚えています。奥さまの介助があるものの、便器から落ちるようにして床に降りられたときの衝撃は、背筋が凍る思いでした。これはなんとかしてあげないといけないと強く思いました。

person K

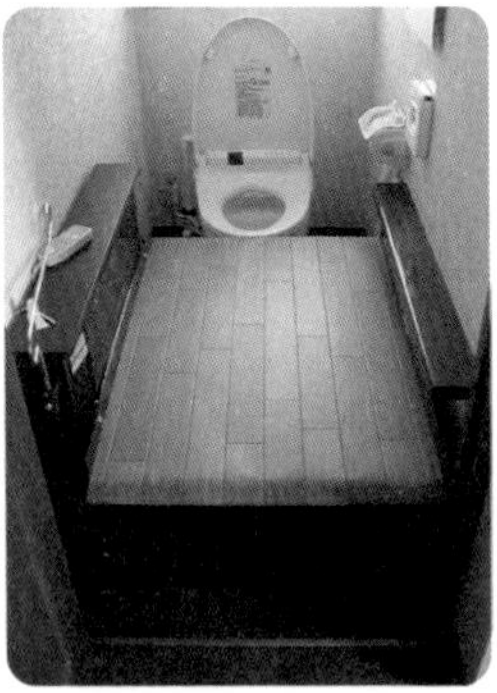

昇降機を上げたところ

昇降機を下ろしたところ

　トイレの詳細な寸法を計測して思案し、最終的に出した結論は、トイレの中に車椅子などで使う室内用の昇降機を設置する案でした。幸いだったのが、Kさん宅が基本寸が1ｍ（モジュール）で建設された家であったことで、トイレの内寸を測ると横幅が88㎝あり、便器の先端から入り口の建具までが1ｍあったのです。そこで昇降機の寸法を調べてみると、横幅が86㎝で奥行きが96㎝ということがわかり、昇降機をトイレに設置することがギリギリ可能であることに気がついたのです。

　室内用の昇降機は、床面にぴったり下りてくるので乗り降りに負担がありません。座面は本来はアルミでできているのですが、いざり移動のご本人の使い勝手を考えて、アルミの上にクッションフロアを張りました。

　便座に座ったときに左手の壁になるところには、以前から棚板状の手すりが取り付けられていました。これは昇降機が上昇したときに使えると判断してそのまま残すことにし、この手すりの反対側にある昇降機のボックスの上にリモコンを置きます。

便座に座るとき

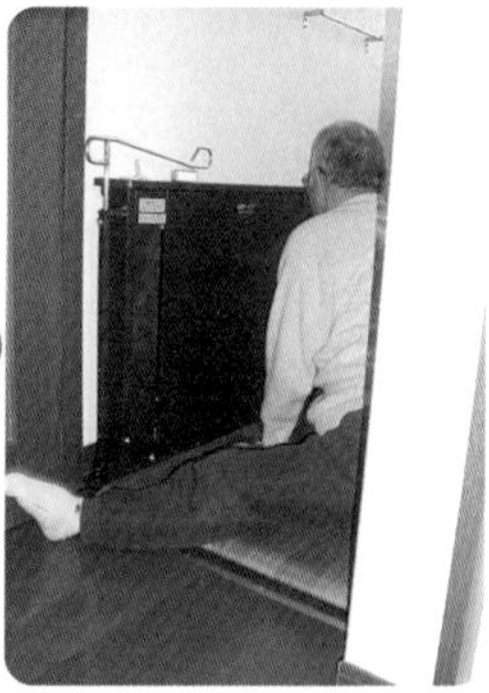

①昇降機に乗り込む

②便座の高さまで上昇

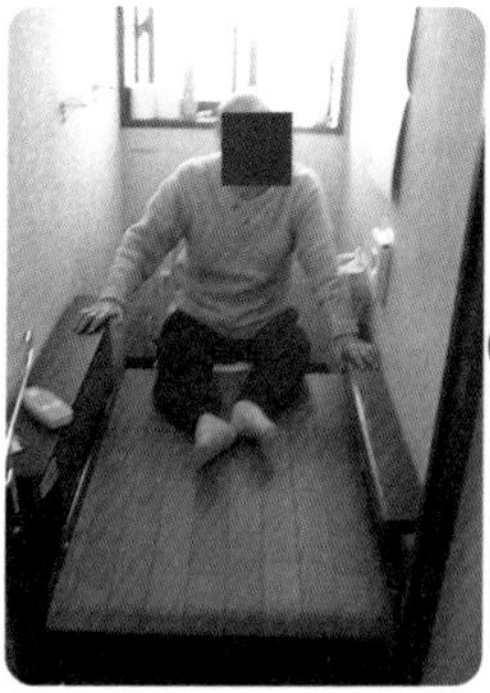

③いざって便座に移動

昇降機についてはデザイン的に見ても大きな違和感がなく、家の中の建具や廊下、そして既存の手すりともマッチするように、クッションフロアも木調で統一してデザインしました。

昇降機を設置したトイレをどのように使っておられるかと言うと、まずKさんが廊下からいざり移動してトイレに入ります。昇降機が下りた状態では廊下との段差がほとんどないため乗り込みがスムーズにでき、そのまま昇降機の真ん中までいざり移動します。安定した位置に乗ったところで、ボックスの上にあるリモコンを操作して上昇します。昇降機はあらかじめ便座と同じ高さで止まるように設定しているので、便座の高さまで上がれば自動的に停止します。そこから後ろにいざり移動で便座に乗り移ります。降りるときは乗り込みの逆の流れで、安全に降りることができます。

今までは奥さまのサポートが必要で、しかも落ちるように降りておられた危険な実情から解放されて、ご自身で安心して安全にトイレに行けるようになったのです。

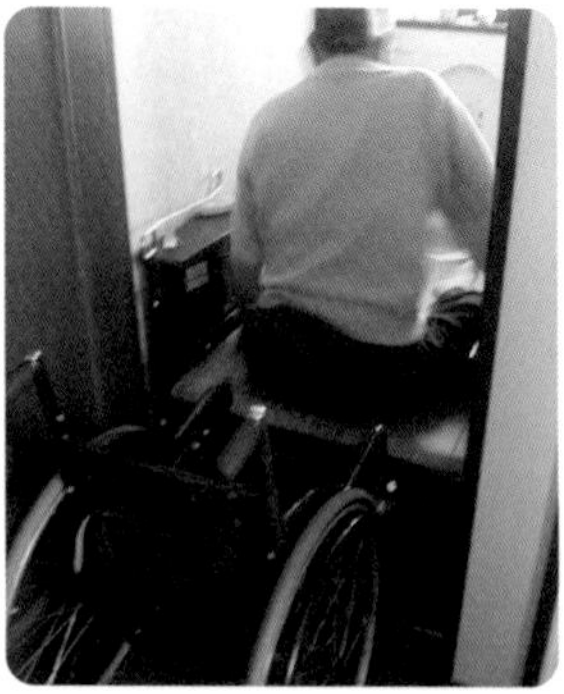
使用に問題ないことを確認

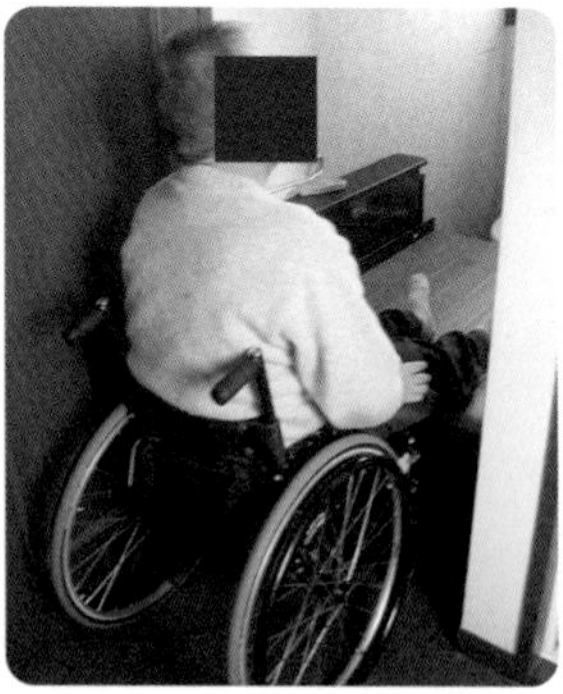
車椅子から昇降機に乗り移り

私がこの昇降機を設置する提案をした理由がもう一つあります。Ｋさんは、これから加齢による筋力低下が進んだ場合を考えれば、車椅子を使用して室内を移動される可能性があります。

そこで、お持ちの車椅子を使ってもらい、車椅子からこの昇降機に乗り移ることも実際にやっていただきました。その場合は、車椅子を昇降機にまっすぐにつけて止めます。そして、体を後ろに少し倒しながら、両足を両手で持ち上げて昇降機の上にのせて、さらに車椅子を昇降機に近づけてブレーキをかけてから乗り移ります。そこで体を反転させて便器に向かっていざり移動をすれば、問題なく使えるのです。

Ｋさん宅のパーソンデザインで計画するトイレの改修においては、現在の状況だけに対応するのではなく、今後の身体状況の変化も想定して設計していることも見ていただきました。Ｋさんと奥さまにこれから長く安心してトイレを使っていただけることが可能になり、お二人にとても喜んでいただくことができました。

Column

外出時のトイレ事情

近年、SDGsが頻繁にとり上げられるなかでユニバーサルデザインの考え方も普及し、街中にもユニバーサルトイレが増えつつあります。一方で万能のトイレをつくることの難しさもあります。たとえば脳の病気で右手右足に麻痺のある方は左側からのアプローチを希望しますし、左手左足に麻痺のある方は右側からのアプローチを希望します。同様に背の低い方と高い方とでは便器の高さの希望が変わることになり、希望と逆の場合は使いにくいものとなるわけです。

また、ユニバーサルトイレが普及していくなかで、このトイレを使用するしかない車椅子ユーザーの方にとって深刻な問題が発生しています。近年のSDGsの報道で、「ユニバーサルトイレ＝誰にでも使いやすいトイレ」と伝えられることで、誰でも使っていいトイレと認識してしまう視聴者の方が増え、多くの方がユニバーサルトイレを使用するようになっていることです。

第１章でご紹介したように、脊髄を損傷されて車椅子を使っている方のなかには排泄のコントロールが難しい方がおられます。そういう方々が外出されるときは、何時間も前から水分を断って、できるだけトイレに行かなくていいように準備しています。それでも体調により急にトイレに行きたくなったときに、ようやく見つけたユニバーサルトイレの前に数人の方が並ばれている状況を想像してみてください。国もこの問題を把握してはいますが、いまだ問題解決には至っていません。

こうして考えてみれば、大きな社会課題を凝縮させてとらえることはもともと不可能なことで、だからこそ「障がい者」とひとまとめにして問題解決を図ることは無理があるのです。「誰にでも使いやすい」という言葉のもつ意味や社会のあり方についても問い直すことが重要で、実態に合わせて問題の細分化を図り、本質を見いだすことが求められると思います。

パーソンデザインで作り上げるお風呂

安心して使えるお風呂を実現するために

person design

入浴は体を清潔に保つだけでなく、腰痛や肩こり、神経痛の緩和など体に大きな効果をもたらすことが医学的にも証明されています。そして、汗を流してさっぱりすれば、気持ちをリフレッシュさせて、よい眠りに導いてくれることにもつながります。しかし、加齢に伴って「お風呂に入りたくない」という方が多くなる傾向にあります。その原因で多いのが「お風呂は怖いから入りたくない」ということのようです。加齢に伴う筋力低下やバランス感覚の低下が起こるなかで、段差や床の滑りやすさなど小さなバリアで転倒のリスクが上がることが、「怖い」を引き起こす最大の要因と言われています。

ケアマネジャーやケースワーカーの方から、「お風呂はデイサービスや施設で入ればいい」と言われた方もおられると思います。でも、蒸し暑い夏などは、昼間にデイサービスで入浴しても、家に帰ってから汗をかいてベタベタして寝苦しくなります。そうした日には、もう一度汗を流してすっきりしたくなるのは誰しも同じです。自分が入りたいと思うときに自宅でシャワーやお風呂に入れるように、アプローチの違いに合わせた対応を考えることが大切なのです。

お風呂の改修で多い要望

1. お風呂への出入りとアクセス

入り口の段差や開口の広さなど出入りやアクセスが困難な状況の解消。お風呂までの動線の改善。シャワーキャリーなどの福祉機器を使用する場合は、機器のサイズや使い勝手の考慮。

2. 浴槽への出入り

浴槽のサイズや深さ、またぎやすさにかかわるエプロンの高さを改修して出入りしやすく。

3. お風呂の使い勝手が悪い

床が滑りやすい、お風呂が寒い、掃除が面倒くさいことなどの解消。

動作から考えた手すりと福祉用具の活用

要望に合わせて改修計画を立てて補助金などの申請をすませれば、工事の段取りをして着工します。手すりの位置を事前に決めている場合は別として、でき上がったお風呂でご本人に実際に動いてもらいながら手すりの位置を決めていきます。そのうえで、お風呂の改修を補完するかたちでシャワー椅子やバスボード、浴室台などの福祉用具の導入をあわせて検討します。

お風呂の改修では、お風呂への出入りをしやすくすることと、浴槽に無理なく安全に入れるようにすることが求められます。まずはお風呂に入りやすくするための改修例から見ていきます。

Lさん（パーキンソン病）浴槽に入りづらく入り口の段差が怖い

段差解消折り戸の設置と浴槽の交換

Before

入り口に段差がある

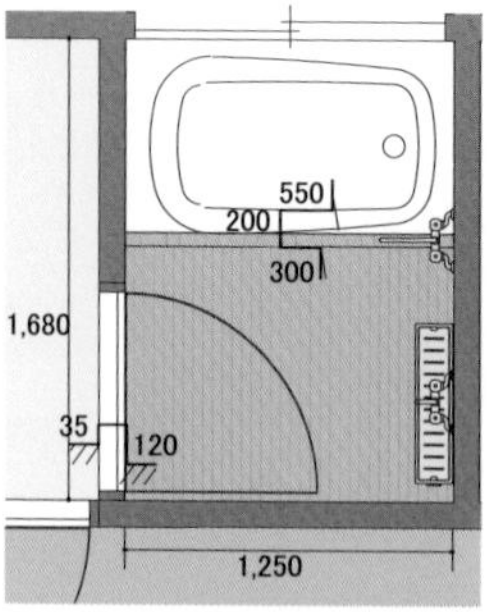

水栓側に排水口がある

デイサービスが大好きなLさんはパーキンソン病で運動量が減り、筋力低下もみられました。お風呂はタイル貼りの湿式工法で、入り口に12㎝の段差があったため、その段差を解消することと、ADLを考慮して浴槽のエプロンの高さを37㎝に変更することになりました。当初、ユニットバスにとりかえる選択肢もありましたが、エプロン高が37㎝のものがなかったため、タイル貼りのお風呂のまま改修することに決めました。

タイル貼りのお風呂では、洗い場の排水が脱衣室側に出ないように、洗い場の床面を脱衣室より低くするため、入り口に段差がある家が多くあります。この段差の解決策は、入り口にグレーチング（溝）を設けることで脱衣室側に排水が出るのを防ぐことができ、さらにグレーチ

グレーチングつき折り戸を採用

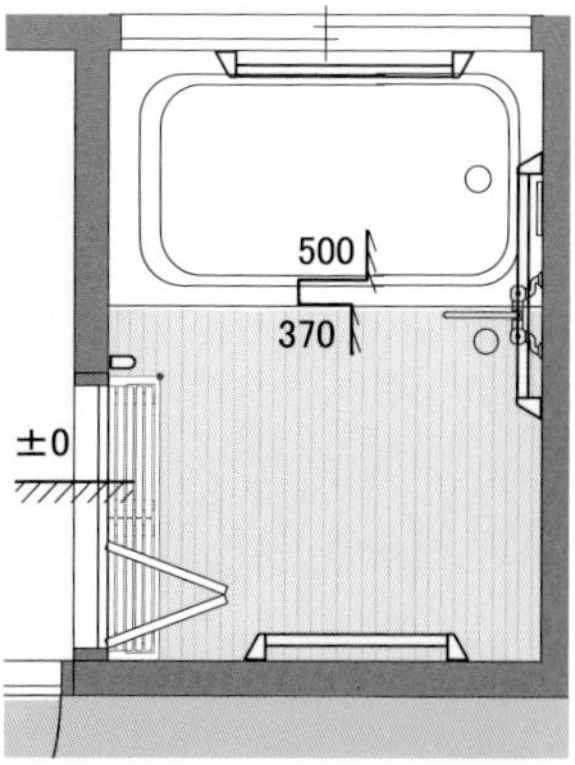

排水口を入り口側にも設置

ングと折り戸を一体化させた製品では、脱衣室側に対する防水性を上げることができます。そこで、このグレーチングつき折り戸を使用して段差を解消しました。

ここで注意すべきは、排水のための床勾配のとり方です。床タイルを解体してグレーチングの排水を設ける際、水栓側にあった排水口を撤去してグレーチング側の排水口だけで排水処理をすると、排水をグレーチングに流すことになります。この場合、水栓側の床を高くしてグレーチング側を低くした勾配をとるので、お風呂場の奥にいくほど床が高くなるために折り戸の下面の隙間がなくなり、その結果、扉が閉まらなくなるのです。従って、今まであった水栓側の排水口も使用して、これまでどおり水栓側の排水口に流すように勾配をとります。

タイル貼りのお風呂は、浴槽のエプロンの高さや深さを自由に設定して施工できるメリットがあり、あえてタイル貼りでお風呂の改修を選択することも少なくありません。お風呂の寸法がユニットバスで対応できない場合なども、タイル貼りでの改修計画で進めています。

person L

Mさん（脊髄小脳変性症）浴槽が深くて出入りしにくい

ステンレス浴槽にしてサイズを調整

Before

幅1m・深さ60㎝の浴槽

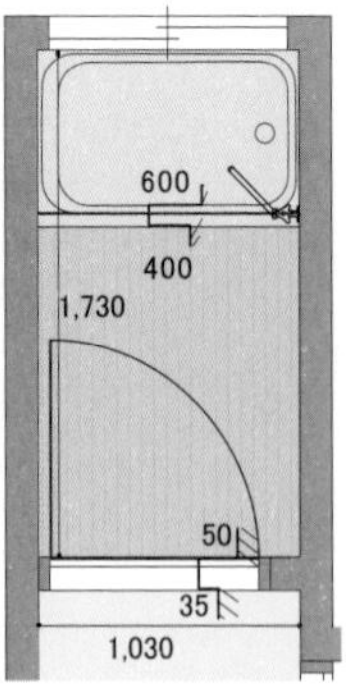

入り口に段差あり

庭に花をたくさん植えておられるMさんは、脊髄小脳変性症の進行でふらつきがあり、徐々に筋力も低下しています。現在使っている浴槽の幅は1mで深さが60㎝あるため、身長140㎝のMさんには出入りが困難になってきました。さらにシャワーがないため、浴槽に湯をはってタライで湯をかけて過ごされていました。Mさんからの要望は、冬場が特に寒くてつらいので、浴槽につかってゆっくり温まりたいとのことでした。

浴槽を浅くする希望をかなえるにあたり、まずは一般的に流通している浴槽の素材についてお話しします。一つ目がFRPなどの樹脂製のもので、ユニットバスなどの浴槽をはじめ最も多く使われている素材です。二つ目が鉄製の鋳物ホーロー製のものです。三つ目の素材とし

ステンレス浴槽を深さ40㎝にカット

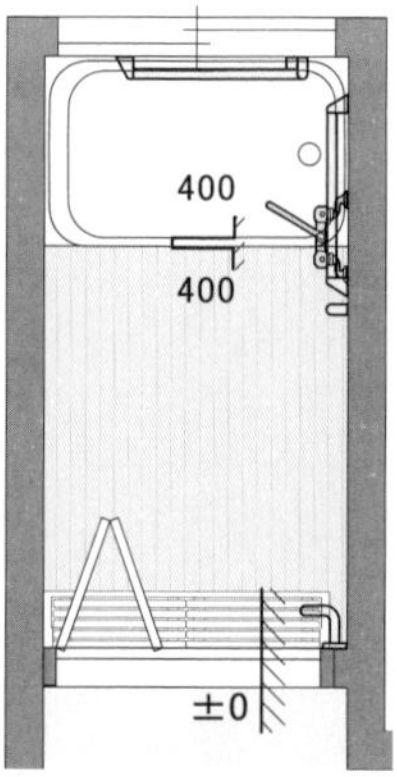

段差を解消

てステンレス製のものがあります。これらの浴槽は製造方法にも違いがあり、樹脂製の浴槽の成型は型枠に樹脂を流し込んでつくり、鋳物ホーローの浴槽では溶けた鉄を鋳型に流し込んで成型しています。従って、浴槽自体の寸法をオーダーすることは困難です。一方でステンレス浴槽は、型枠などを使わずに曲げ加工や溶接を用いて成形しているために、でき上がった既製品をカットして溶接することで、深さを自由に設定することが可能になります。

改修計画を進めるにあたり、ご本人が無理なく出入りできる高さを確認したところ、40㎝であることがわかりました。そこで、ステンレス浴槽のメーカーに依頼して浴槽の深さを40㎝にカットしてもらい、さらにシャワーも新設しました。

このように、障がいをもつ方の家づくりでは、身長や体形などさまざまな条件に合わせた対応が求められます。「ずっと入れていなかったお風呂につかれた」と感激されたMさんの姿を見て、私も目が潤みました。

person M

Nさん（脳梗塞右麻痺）公営住宅の狭い浴槽が深くて入りづらい

釜を給湯器に交換して浴槽を広げる

Before

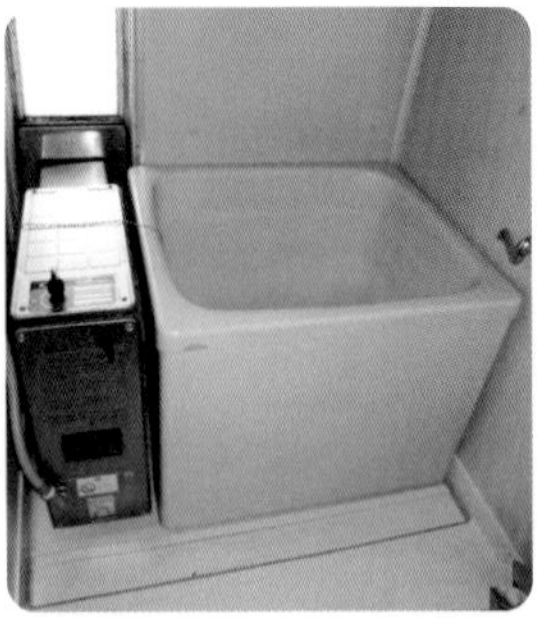

幅80㎝・深さ60㎝の浴槽

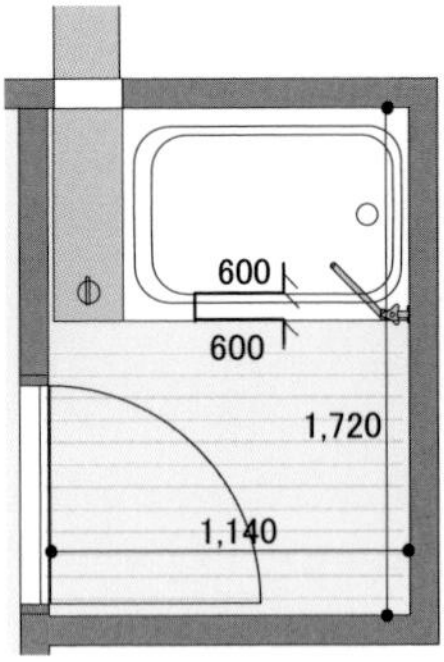

バランス釜

将棋が大好きなNさんは、脳梗塞になり、右の上下肢の麻痺で浴槽に入ることが困難になりました。退院に向けて自宅でお風呂に入れるようにするため、浴槽をとりかえる改修を行いました。もともとのお風呂にはバランス釜と小さな浴槽が置かれていましたが、新たに設置するのは幅1ｍ10㎝、深さが50㎝の浴槽です。この改修ができたのにはこんな背景がありました。

1955年頃からの高度経済成長期に、5階建ての公営住宅が全国に建設され、いまだに多く存在しています。公営住宅のお風呂には、30㎝幅のバランス釜という、外に突き出した四角いダクトで給排気を行う風呂釜が設置され、その横に幅80㎝で深さが60㎝の浴槽が設置されています。Nさん宅も公営住宅で同タイプのお風呂でした。

幅1m10㎝・深さ50㎝の既製品の浴槽

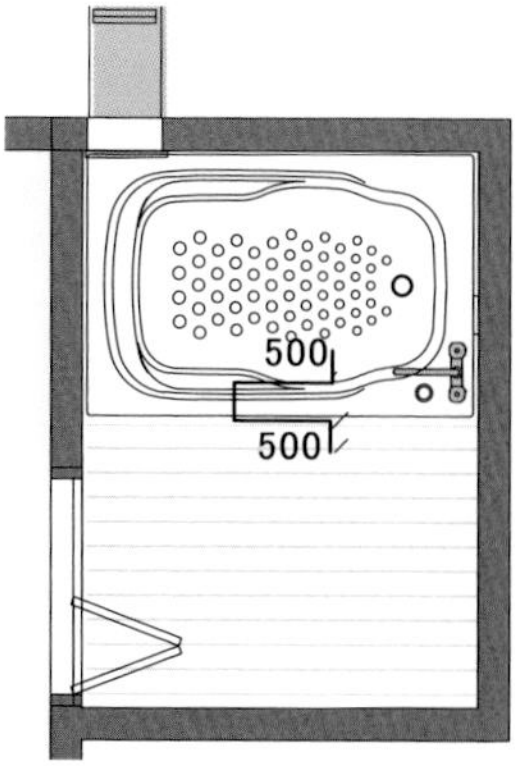

ガス給湯器にとりかえ

エプロンの高さは浴槽の深さと同じ60㎝あり、下肢に障がいをもつ方にとっては厳しい高さになります。

90年代の中頃から、こうした現状を踏まえて、バリアフリー法にも考慮するための製品開発が進み、バランス釜の外に出ている排気ダクトのスペース内におさまるサイズのガス給湯器が製品化されました。この製品にとりかえれば、お風呂場にバランス釜を置くスペースが必要なくなり、浴槽の幅を30㎝増やして1m10㎝に広げることが可能になります。

Nさんは立って浴槽に出入りするのが難しいため、シャワー椅子に座って浴槽に入ることになります。改修した浴槽のエプロンの高さは50㎝、椅子の座面の高さは40㎝でしたので、洗い場に高さ10㎝のスノコを床と水平になるように調整して設置することで、座面と浴槽の縁の高さがそろうようにしました（P131写真左参照）。

また、このガス釜は給湯機能も備えているので、今まででなかったシャワーの設置が可能になり、体調によってはシャワー浴で汗を流せるようになりました。

person N

Oさん（多発性硬化症）お風呂が寒く段差もあってつらい

ユニットバスに変えて快適さを向上

Before

タイル貼りのお風呂

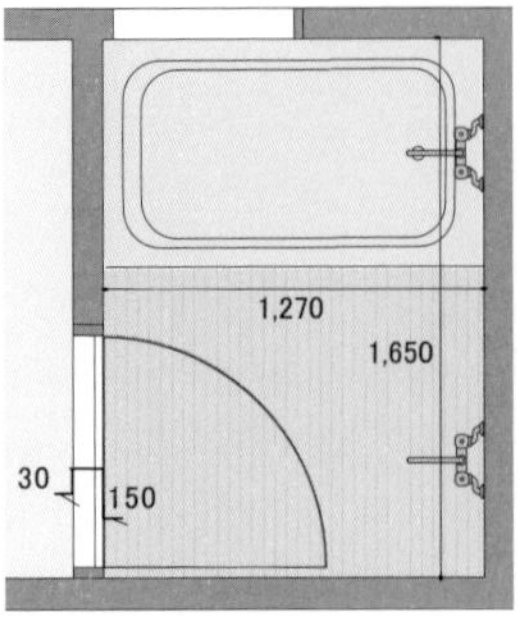

入り口に段差あり

若い頃から裁縫が得意で器用なOさんは、築35年の戸建て住宅にお住まいで、玄関の棚やリビングのサイドボードにきれいな手まりがいくつも飾ってあります。そんなOさん宅のお風呂は、北側にあるうえタイル貼りのためとても寒く、さらに入り口には15㎝の段差もありました。最近は、下肢筋力の低下が進んでふらつきもみられ、自宅で入浴することが困難になり、デイサービスで入浴することが多くなっていたようです。しかし、自宅でゆっくり入浴したいとの強い思いからご相談をいただきました。

お宅を訪問してお風呂の大きさを測ったところ、奥行きが1ｍ27㎝、横幅が1ｍ65㎝あり、壁のタイルを解体すれば、寒さ対策のためのユニットバスの１３１６（お

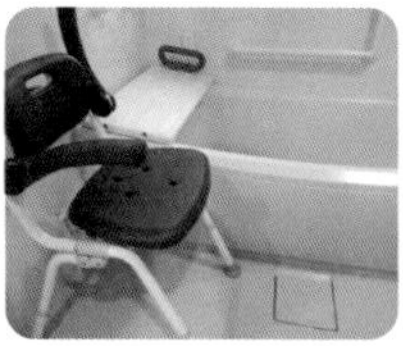

手すりと福祉用具

ユニットバスのお風呂

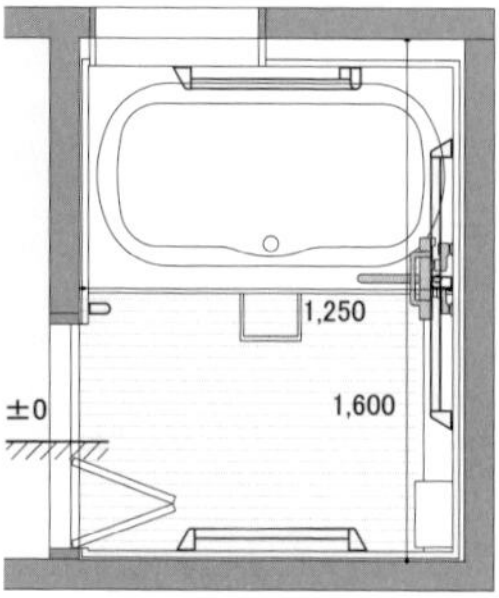

段差を解消

風呂場内の寸法が1ｍ25㎝×1ｍ60㎝）サイズが設置可能なことがわかりました。また、ユニットバスにすることで入り口の段差もなくすことができ、お風呂の床で滑ることなく入浴することができるようになります。

　ユニットバスの設置後にOさんに実際に動作をしてもらって手すりの位置を決め、取り付けました。この手すりを使いながらシャワー椅子に座って浴槽側のバスボードに移り、ご本人が安心して入れるようにしました。

　このように、タイル貼りの湿式のお風呂をユニットバスにとりかえるケースは多くあるのですが、サイズへの対応がとりづらい既製品になりますので、先々の身体状況の変化に合わせてそのつど改修が必要になる可能性がある方は、その点についても注意してください。

　ようやく念願のお風呂が完成して、とても喜んでおられたOさん宅を1カ月後に訪ねてみると、「寒くてデイサービスに行けない日にも家でゆっくり温まれるから本当にありがたいことで嬉しいです」と、満面の笑顔が私の心も温めてくださいました。

person O

Pさん（心原性脳梗塞）またぐことが難しくて浴槽に入れない

お風呂を交換したのちリフトを設置

いつもやさしい笑顔で迎えてくださるPさんが、脳梗塞で左麻痺になられたのは6年前のこと。室内の移動は、歩行器を使えば一歩一歩進むことができました。

Pさん宅のお風呂の入り口には、脱衣室側に23㎝、お風呂場側にも11㎝の段差があり、さらに浴槽エプロンの高さも浴槽の深さも同じく55㎝あり、入浴が難しい状況でした。そこで、ユニットバスをとりかえて、入り口の段差を6㎝に抑え、浴槽の高さも40㎝にし、安心して入浴できるように改修しました。

Before

以前のユニットバス

体調面も安定しておられましたが、その後、脳梗塞を再発されました。退院後は歩行が困難になり、車椅子を使用しての生活になります。そこで、入院中のリハビリ病院にあったリフトを実際に体験してもらい、病院のセラピストとご本人、介助する息子さんと私でカンファレンスを行った結果、リフトを設置することにしました。

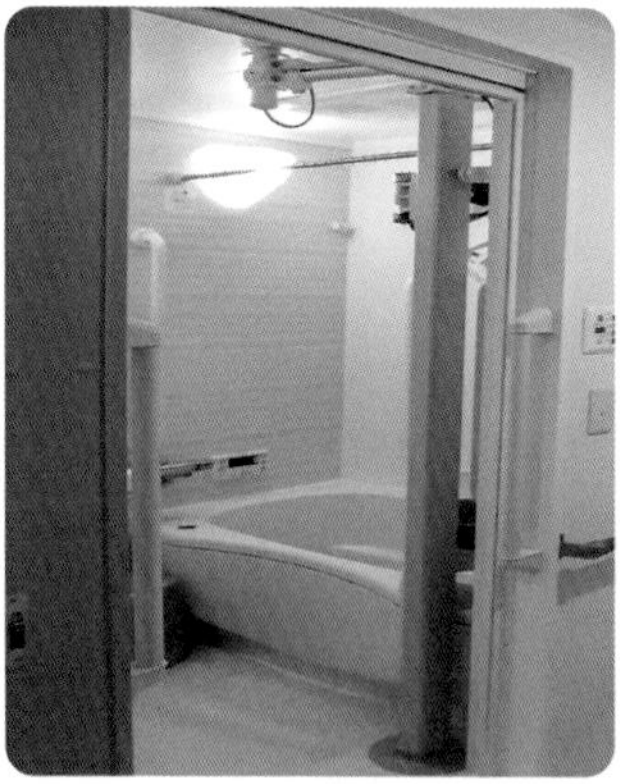

お風呂にリフトを設置

ユニットバスのとりかえ

ここでリフトの設置までのプロセスを具体的にお話しします。まず、お風呂全体の寸法、浴槽の位置とサイズ、深さなどを測定します。次に、洗い場側の使い勝手を考慮して、リフトの支柱位置が決まります。最後に、支柱位置から浴槽までの距離や、洗い場に置くシャワー椅子と脱衣室でリフトに座る距離を確認してリフトの可動アームの長さを決め、メーカーにリフトの可動図面を作成してもらいます。でき上がった図面をもとに、ご本人とご家族に最終確認をしてもらい、問題がなければリフトを発注して設置に至ります。

リフトを活用される場合の注意点ですが、アームに吊り下げて使う「スリングシート」に体を包まれた状態で持ち上がることになりますので、拘縮が強い方や、てんかんがある方などの場合は、危険が伴う場合があります。採用する際は医療従事者の方にご相談ください。

リフトの設置後は、「安心してゆっくりお風呂に入れるので、とても助かっていてよかったです」とPさんも息子さんも大喜びでした。

person P

Qさん（胸髄損傷）介助負担を軽減して入浴したい

身障者用のお風呂に昇降リフトを設置

公営住宅のお風呂に水圧リフトを設置

車椅子に凜とした姿勢で座っておられるQさんは、事故で胸髄を損傷されました。年を重ねるにつれて上肢の筋力低下がみられ、浴槽へのアプローチを検討されていました。奥さまと一緒にリハビリテーションセンターに行き、実際にリフトを使ってみたところうまくいったので、自宅にも設置を考えたいとのことでした。

住まいは築年数も新しい、車椅子常用者世帯向けの公営住宅です。お風呂は四方の寸法が2m以上ある広いユニットバスでした。このユニットバスは、浴槽と同じ高さのステージがはめ込まれたかたちでつくられていて、車椅子からステージに乗り移って浴槽に入れるように考慮されています。Qさんも当初はこのステージをうまく使って浴槽に入っていたのですが、体調を崩されてから

ゴム足で床に安定して固定

点検庫からスラブに固定

浴槽に入ることが難しくなったようです。

公営住宅の場合、退去時にはリフトを撤去する必要があります。そこで私が採用した設置方法がどういったものだったのかを具体的にお話しします。

ユニットバスには、天井に必ず点検庫が設けられています。その点検庫を開けると見えるスラブ（コンクリート部分）にリフトを固定するというやり方です。まずは、お風呂の天井にある点検庫のサイズと同じアクリル板を用意して、支柱の大きさの穴をあけます。その穴を通って建物のスラブに固定できるように、リフトのステンレス支柱の長さを調整して、スラブにアンカー止めでリフトを固定します。下側は、リフトの本体支柱専用のゴム足を接着して、洗い場の床に設置します。退去時はリフトを撤去してゴム足をはずし、保管していた点検庫をもとの状態に戻せば完了です。

リフトは脱衣室から吊り上げることができるので、使い勝手はとてもよく、介助する奥さまが楽にアームを操作して、ゆっくりお風呂につかっていただいています。

person Q

Rさん（悪性関節リウマチ）入浴が困難でも温まりたい

シャワーシステムで入浴効果を実現

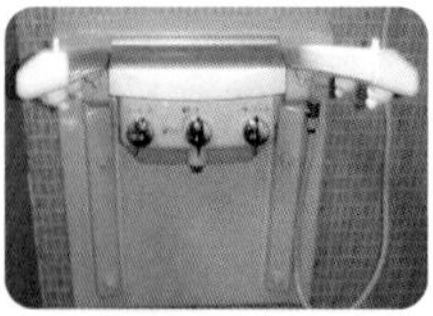

前方型システム

現在の市販の製品

シャワーシステム

お話好きでいつも明るいRさんは関節リウマチのステージⅣの状態で、ひざは曲がらなくなり、指の変形も進んで物を持ち上げることも難しく、入浴も困難です。

お風呂はスペースが狭くバスリフトなどの機器を使えないため、シャワーユニットの設置を考えました。シャワーユニットを背にした状態で椅子に座って使用するタイプで、シャワーのお湯を体全体を包み込むようにして浴びられて、浴槽につかったような温かさと気持ちよさを体感できるのが特徴です。以前は正面からシャワーを浴びることができる前方型などもありましたが、製造中止になっています。最近はシャワー椅子に装着できるタイプの製品があり、工事を伴わずに使用でき、ユニットバスなどでもとり入れることが容易になりました。

Sさん（胸髄損傷）浴槽に入りやすくしたい

広い浴室台を製作し安心して入浴

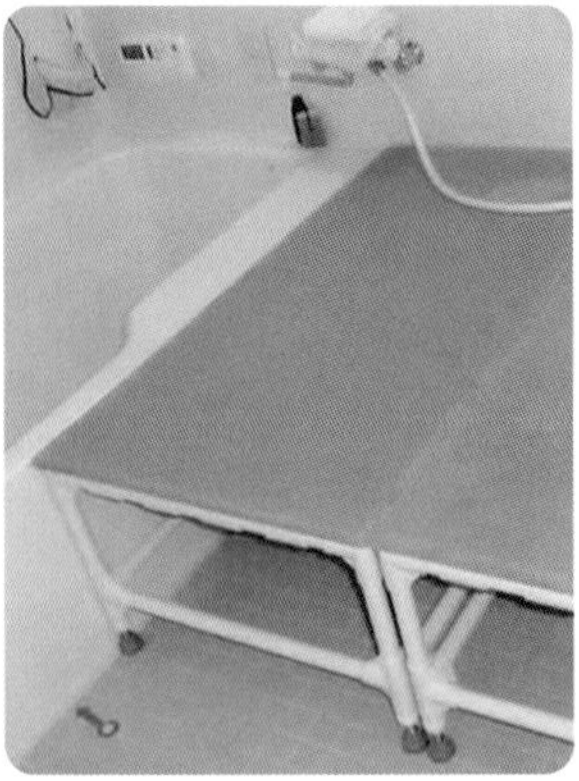

浴室台を製作して設置

入浴台の製作例

浴室用階段の製作例

車椅子の操作が上手なSさんは胸髄を損傷され、一人暮らしができる家を探していたところ、車椅子対応の公営住宅に空きがあり入居できることになりました。お風呂は、エプロン高が約40㎝で幅が1ｍ40㎝の浴槽と、非常に広い洗い場スペースがあるものでした。

　そこで入居にあたり、エプロン高の40㎝に合わせて浴室台を製作して設置することにしました。浴室台に車椅子から乗り移り、そこから浴槽に入るようにしつつ、体を洗うスペースとしての広さもとりました。使用したのは樹脂パイプで構成されている製品で、さまざまなサイズのパーツを組み合わせてオリジナルの浴室台を製作できます。参考までに、左の写真は、入浴台と浴槽に出入りするアプローチ階段です。

person S

Tさん（先天性ミオパチー）子どもが安心して入れるようにしたい

小さいサイズの福祉用具で対応

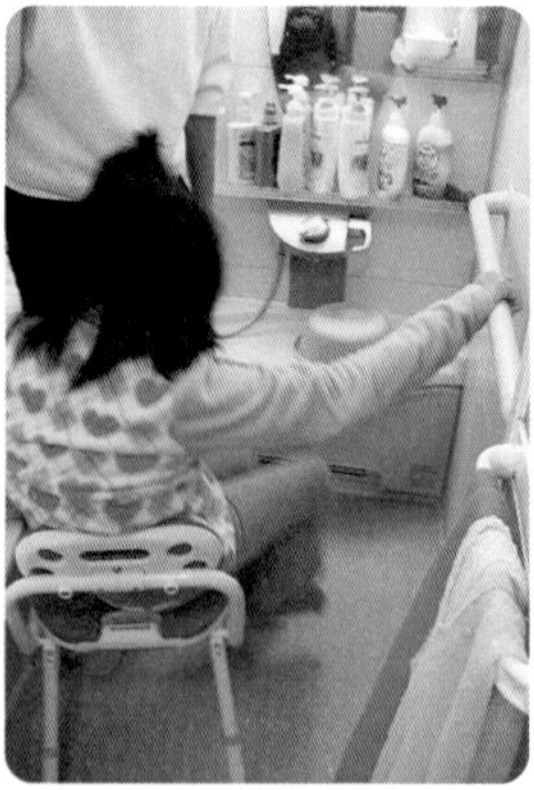
浴室内に手すりを設置

かわいい笑顔で迎えてくれるTさんは先天性ミオパチーのお子さんで、骨格筋の先天的な構造異常により筋力が低下し、自分の力で体を保つことが難しくなっています。お母さんからのご依頼は「お風呂に入るのが少し怖いようなので、大きな工事はせずに安心して入れるようにしたい」とのことでした。そこで、ご本人がつかまりやすい手すりの設置と、シャワー椅子を利用して座りながら入浴することを提案しました。

市販のシャワー椅子には子ども用として販売されているものはありませんが、既製品のなかには非常にコンパクトなものがあります。このコンパクトなシャワー椅子は、お風呂が狭いお宅や小柄な年配の女性などもよく使っておられます。また、ひじかけがついたものや背もたれがないものなど種類も多く販売されているので、体の状況や使い勝手に合わせて選ぶことができるために、

シャワーキャリー

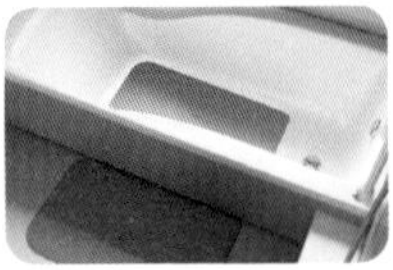

滑り止めマット

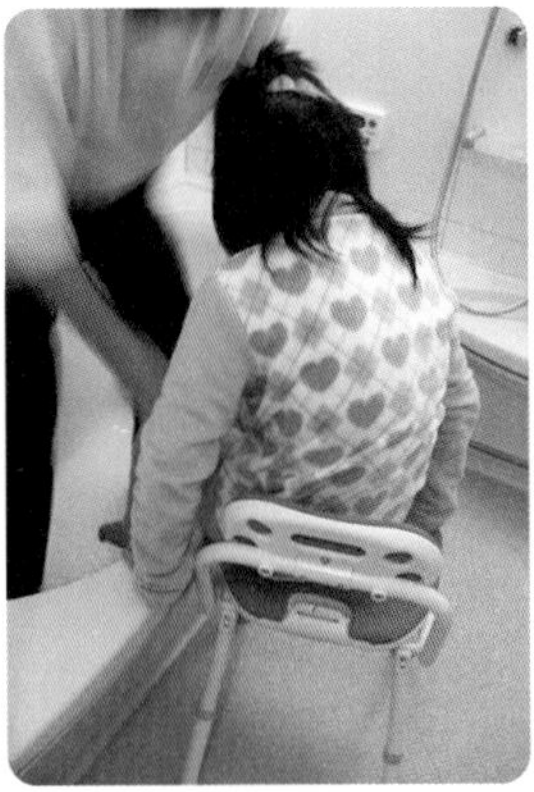

浴槽内に移動

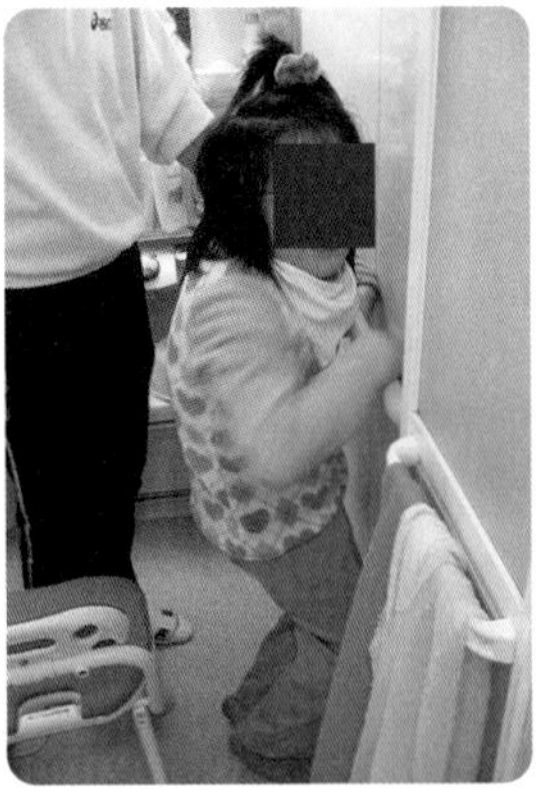

手すりを使っての移動

これまでにも多くのお子さんのお宅で使用しました。

手すりについては、Tさんの背の高さのほか筋力や体幹の状況なども確認し、そのうえで今までの入浴動作も確認しながら、握りやすい手すりの太さなども考慮して取り付けています。こうして安心して入浴することができるようになりました。

ここで、私がよく使っている、入浴のときに使いやすい子ども向きの福祉用具の特徴などを2点ご紹介したいと思います。

コンパクトタイプの「シャワーキャリー」は、一般的なものの横幅（外々）が50㎝ほどであるのに対し、43㎝とコンパクトで座幅は39㎝です。高さも一般的なものが45～50㎝ほどであるのに比べて40㎝と低く、軽量で小回りがきくので使い勝手がよいと評判です。「滑り止めマット」は浴槽の中や洗い場でも使える便利アイテムです。色柄も多く、お子さんの好みに合わせて選べます。これらの福祉用具は、第5章でご紹介する日常生活用具給付の対象となります。

person T

Uさん（重度脳性麻痺）座位が困難で緊張もあり入浴させにくい

リクライニング式のキャリーを採用

シャイな性格ながらご自分の意思をしっかり伝えてくれるUさんは、重度脳性麻痺のお子さんで、座位保持が困難で拘縮があります。現在、入浴はご両親が抱えて入れておられます。ご家族はこれから家を新築することを予定していて、新しく建てる家で入浴方法はどうしたらいいのか、どのような福祉機器があり、導入する機器の大きさに対してお風呂の大きさはどうしたらいいのか、といったご相談がありました。

今までの入浴動作を見せていただき、拘縮があっても大丈夫なように、リクライニング式のシャワーキャリーを使って入浴する方法がいいのではないかと、ご両親にお伝えしました。

このシャワーキャリーを使うときの注意点としては、リクライニングに必要な空間の確保ができるかが課題で、ユニットバスの場合であれば、1818（1m80cm

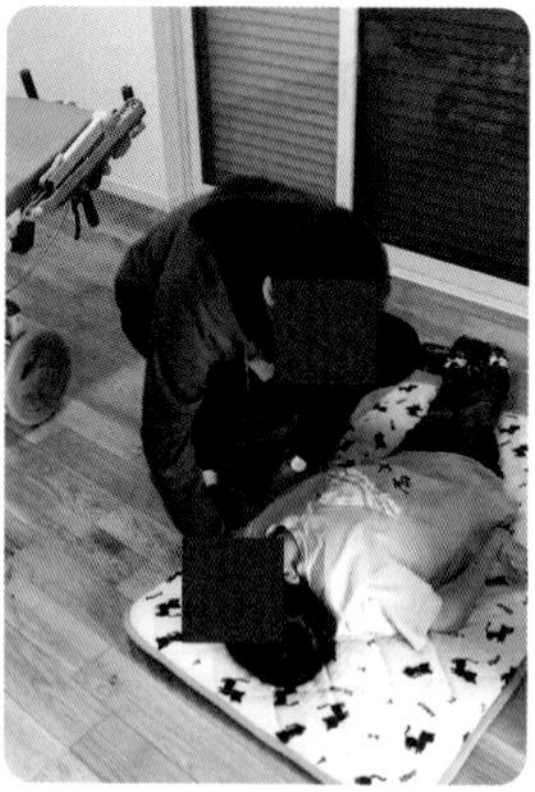

キャリーに乗せる

回転式

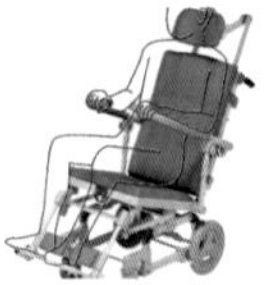

チルト式

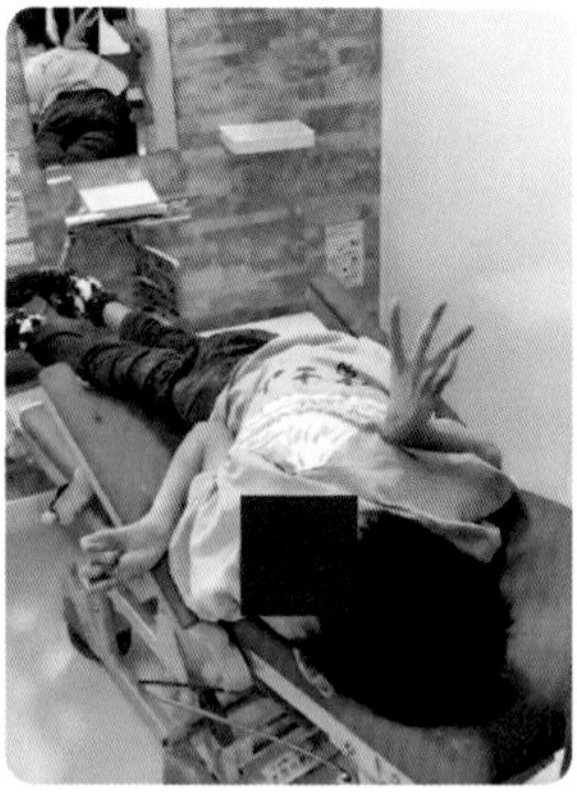

緊張があっても安定する

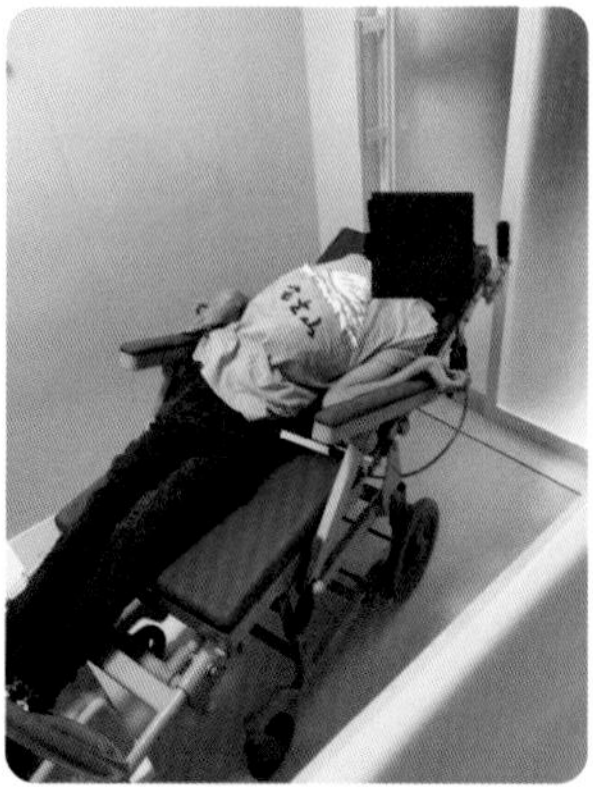

キャリーでお風呂へ

×1m80㎝)以上のサイズが望ましいです。そのうえで、カウンターなどの付属品があるユニットバスを使う場合は、事前にカウンターの取り付けをせずに施工してもらうこともあります。また、お風呂の入り口は、開口が大きくとれる3枚扉を採用して、脱衣所からお風呂内へのキャリーの動線を確保するようにします。

こうしてUさんは、ご家族の介助のもとで安心して入浴することが可能になり、ご本人の体に対する負担の軽減にもつながりました。

最後に特殊なシャワーキャリーについてお話しします。「回転式」は、浴槽が入り口の正面にあるなど、お風呂場に回転スペースを設けるのが難しいケースで活躍します。4本車輪が自在に動くものや、座面が回転するものもあります。「チルト式」は、座面と背もたれが一定の角度のまま後ろに倒れるチルト機能を有するもので、座位保持が難しい方が前に倒れ落ちるのを防げます。ほかにも、収納場所で幅をとらない「折りたたみ式」などもあるので、デモ機を手配して試してみてください。

person U

Vさん（低身長症）体の変化に合わせた入浴方法を考えたい

身体状況に合わせた造作を工夫する

☑30代：一人で浴槽に入れるようにしたい

いつも温かく迎えてくれるVさんは低身長症で、15年以上のおつきあいがあります。30代での改修は、筋力低下で浴槽へのアプローチが難しくなり、一人で浴槽に安心して入れる方法を考えてほしいとのことでした。

そこで、タイル貼りのお風呂にあった入り口の段差を解消するため、高さ10㎝のスノコを製作し設置しました。浴槽へのアプローチには、安全に浴槽に移動するため、バスリフトを使用することで入浴を可能に。また、Vさんの動きに合わせて、特殊な手すりもオーダーで製作しました。こうして環境整備したお風呂を、その後10年近く使われていました。

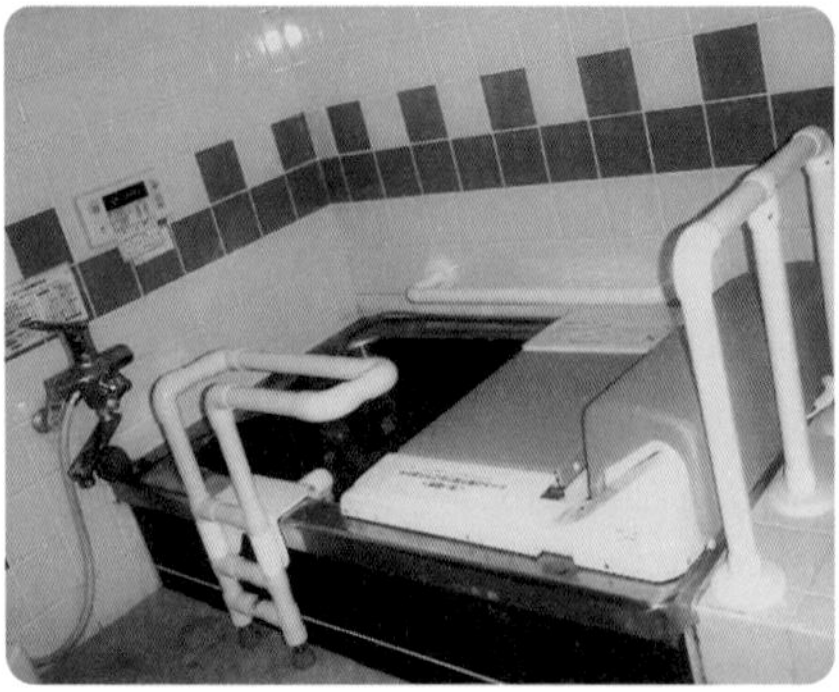

バスリフトと特殊なオーダー手すり

ユニットバスの床へ

手すりを使って移動

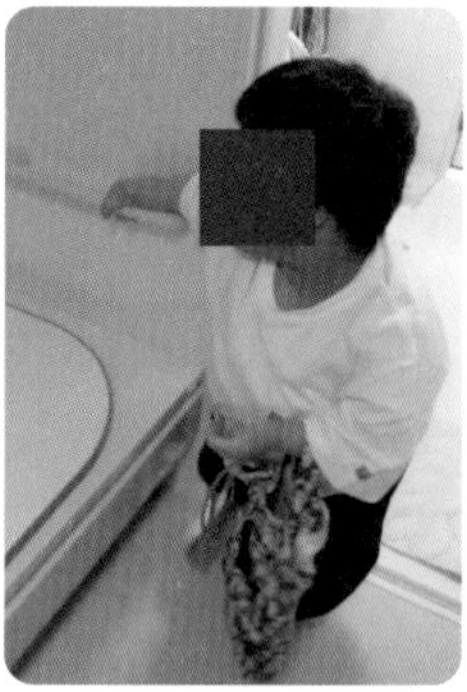

洗面室からお風呂場へ

☑ 40代：シャワー浴をより快適にしたい

低身長症の方は年齢を重ねられるにつれて、内臓の機能低下からＡＤＬの低下につながることがあります。Ｖさんも年齢とともに内臓の疾患がみられるようになり、今までのお風呂では入浴が厳しく、浴槽につかることも困難になりました。同時期に、お父さんも脳梗塞を発症されて麻痺が出て、体幹も不安定になり、お風呂全体を見直そうという話に。40代の改修計画では、温かさを保てるようにお風呂全体をユニットバスに改修することを中心にして計画を立てることになりました。

床が温かくて滑りにくいユニットバスは、入り口をフラットにできるので、ご本人がうまく洗面室からお風呂の洗い場まで歩けるように、要所要所に手すりを設置しています。お風呂に入れば全体が温かく保たれているので、床に座ってシャワー浴をするのも快適になります。写真は、お風呂に入るときの動作を実際に行ってもらっているところです。

person V

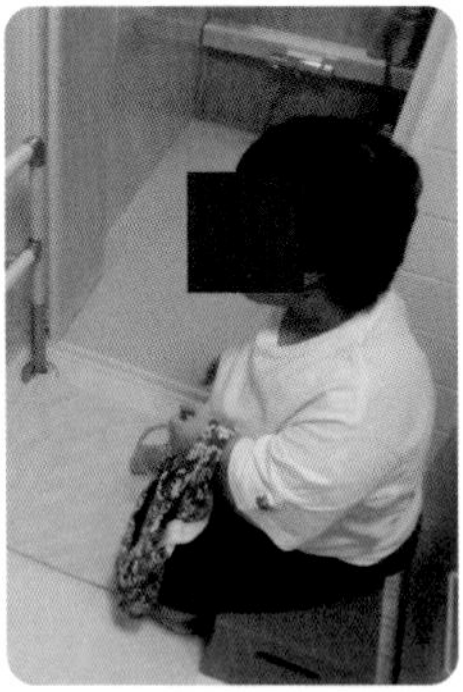
踏み台は椅子としても

洗面には踏み台を利用

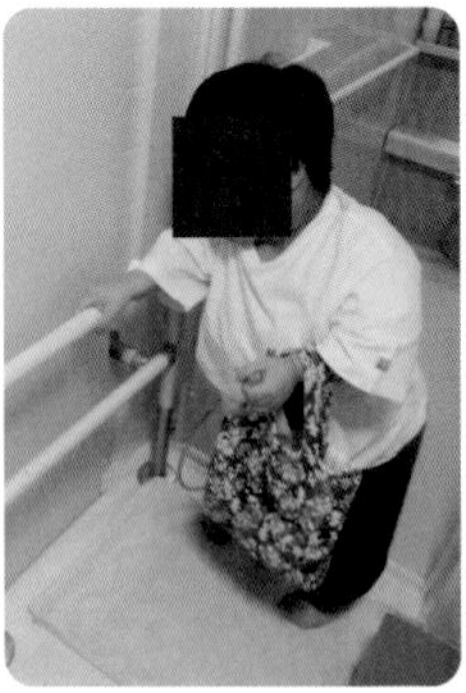
お風呂から洗面室へ

☑お風呂の出入りや洗面台も使いやすく

洗面室側のアプローチについても、Ｖさんが使いやすい高さに合わせて床から立ち上げた手すりを製作し、実際にご本人が動きやすいように工夫しました。洗面台を使用する際も、ＶさんのＡＤＬを確認したうえで、椅子にもなる踏み台を製作して対応することにしました。

ここまで見てきたように、障がいをもつ方は体の状況が悪化することで、ＡＤＬも大きく変わることを理解しておくのが重要だと思います。ただ、先のことを考えすぎた過度の改修計画では、現在のＡＤＬを十分に発揮できなくなることもありますので注意しなければなりません。そのうえで、ＡＤＬの変化に伴って空間や使い方を見直していくことが求められます。

もう一つ補足しておくと、お風呂を大きく変えたりする場合、手すりの位置も変わるため、手すりは、お風呂がまずでき上がって、実際にご本人に動いてもらいながら取り付け位置を決めていくようにしています。

第4章

パーソンデザインで考える機器を使った移動

室内移動の工夫と外出アプローチを考える

日常生活のなかでの移動を考えたときに、その方がもつ障がいの状況によっては、どうしても移動が困難な場所が出てきてしまうことがあります。たとえば体を持ち上げる力がなかったり、立位姿勢をとることが難しいなどの理由で車椅子に乗り移ることが困難な方がおられます。また、足の筋力低下や、足が上がらないため、階段を利用して2階に移動することができない方や、歩行が厳しい方は、外出用の車椅子に乗ることが難しいなど、お体の状況によって移動に問題をもつ方が多くおられます。

この第4章では、そうしたお体の状況を補って、移動をスムーズにサポートしてくれる福祉機器に焦点をあてて話をしていきます。福祉機器の活用法として、お体の状況もご自宅の状況も異なるなかで、実際にパーソンデザインの考え方でお一人お一人のご要望に合わせるためには、福祉機器の特性をよく理解し、機器をうまく生かすことで日常生活の質を最大限に向上させ、生活の豊かさを高めていくことが大切であると考えています。そこでこの章では、機器別の特性の違いをわかりやすく説明することに加えて、機種を選択するポイントや施工性などにも触れながら解説いたします。

機器の設置にかかる費用などの詳細につきましては、設置場所や選択するメーカーなどによって、大きく異なる可能性があるため記載は控えますが、機器の違いによる価格差などについてはお伝えしていきます。

それでは、実際にどのような工夫を施して福祉機器をうまく活用しながら生活を豊かにしていったのか、その方法を詳しく解説しながら進めていきたいと思います。

パーソンデザインで造作をした移動方法

安心して移動ができ介助者の負担軽減も考えるために

person design

機器を使った移動で多い要望

1. 上下階の移動が難しい

新築の場合はホームエレベーターを使うこともありますが、リフォームではいくつもの設置条件をクリアする必要があるため、「階段昇降機」を設置する際の工夫についてお話しします。

2. 車椅子などへの乗り移りが難しい

ベッドから車椅子などに乗り移るのが困難な方の場合、「昇降・走行リフト」などの福祉機器を活用します。リフトのタイプの違いや、お風呂やトイレへの移動についてもご紹介します。

3. 外出時の移動方法を考えたい

外出時のアプローチは、ご自宅の立地条件なども大きく影響します。環境をうまく生かして、安全に安心して外出するためのパーソンデザインでの工夫について説明します。

aさん（筋ジストロフィー）2階のLDKと3階の居室を使いたい

3階まで移動可能な階段昇降機を設置

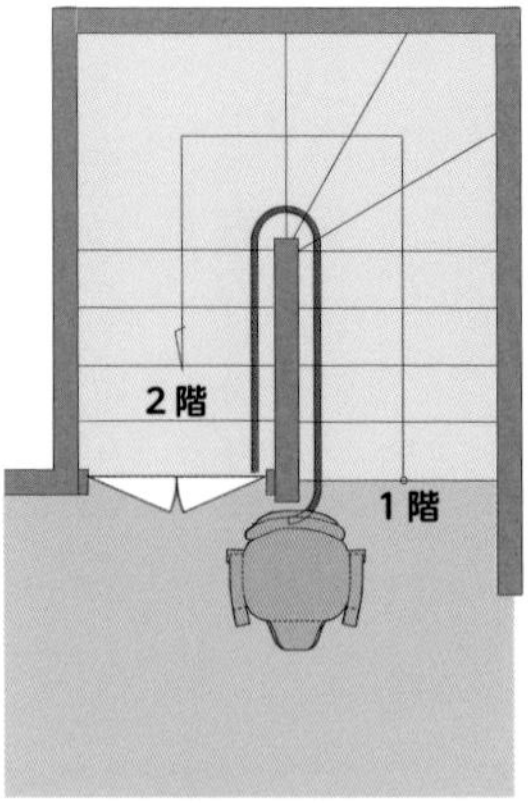

1階から2階へ

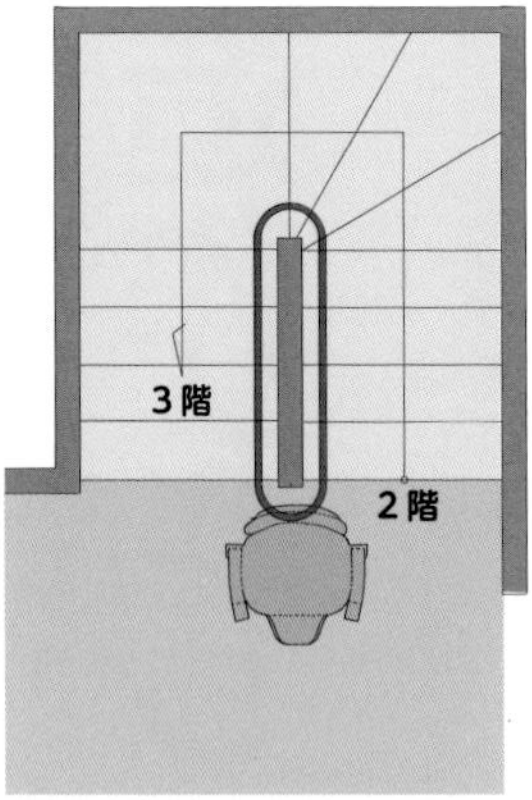

2階から3階へ

読書好きでいろいろなお話をしてくださるaさんは、3階建ての家にお住まいです。ところが、新たな下肢装具を装着されることになり、階段の上り下りが困難な状態になられました。上下階の移動をできるようにしたいとのことで、ご本人の希望もあってホームエレベーターの検討もしましたが、1階から3階までの同じ位置にスペースが必要であるために設置することが難しく、エレベーター以外の方法を考えることになりました。

幸いなことにaさん宅の階段は、1階から3階まで同じ位置で回る形状でしたので、1台の階段昇降機で1階から3階まで上がれるように設計することが可能です。

曲線型の階段昇降機は、階段の幅（踏面《ふみづら》）や1段の高さ（蹴《け》上《あ》げ）が個々の家で異なるため、設置するお宅に

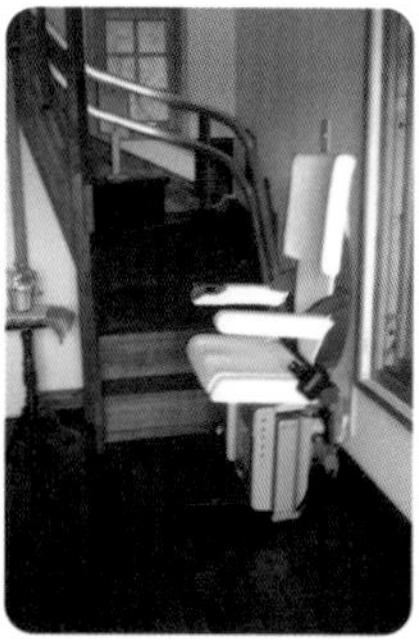

外回りの階段昇降機

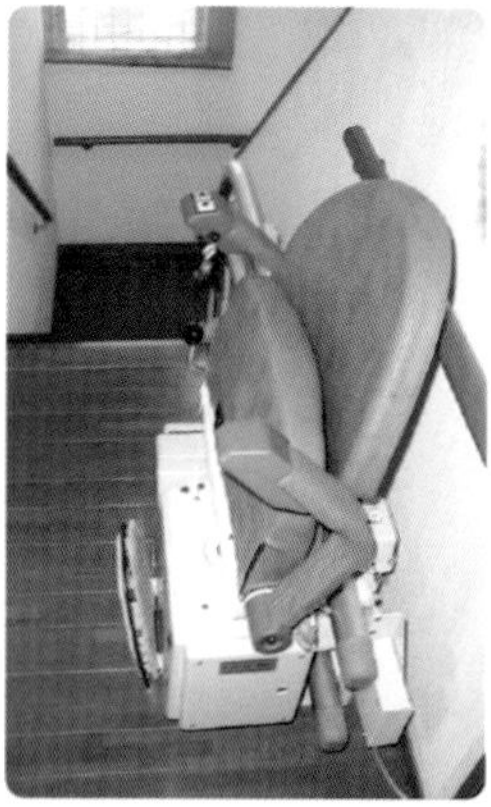

3階で停止した状態

内回りの階段昇降機

合わせて階段の回り形状をオーダーで曲げ加工し、それを現地で組み合わせながら設置することになります。そのため、直線型の階段昇降機に比べて費用が高くなり、納期も1カ月半から2カ月ほどかかることになります。

一般的な2階建て住宅の回り階段で曲線型の昇降機を設置する場合は、曲線の角度を90度ずつゆるやかに曲げて上げるようにするため、階段の外側（外回り昇降）にレールを設置することが大半で、昇降機の椅子の座面位置が階段に沿って移動するかたちになります。

一方で、aさん宅のように内回りで設計する場合は、階段の曲がり部分のレールを内側の壁の角度となる180度に曲げて上げなければならないために、椅子の座面部分が階段よりかなり高い位置を通ることになりますが、安全性には問題がありません。また、箱型エレベーターの設置に比べればコストを大幅に軽減することができ、工事日数も大幅に短縮することができます。設置を検討される方はぜひ一度、福祉機器の展示がある場所などでお試しください。

person a

bさん（脳梗塞右麻痺）２階の書斎と寝室を使いたい

階段の形を変えて直線型昇降機を設置

企業の役員として忙しく働かれてきたbさんは、脳梗塞で右麻痺になられました。リハビリ病院で在宅に向けてのリハビリをしながら、４カ月におよぶ入院生活を終えて退院することが決まりました。退院にあたり、２階にある書斎と寝室を使いたいとの希望から階段昇降機の設置を考えました。

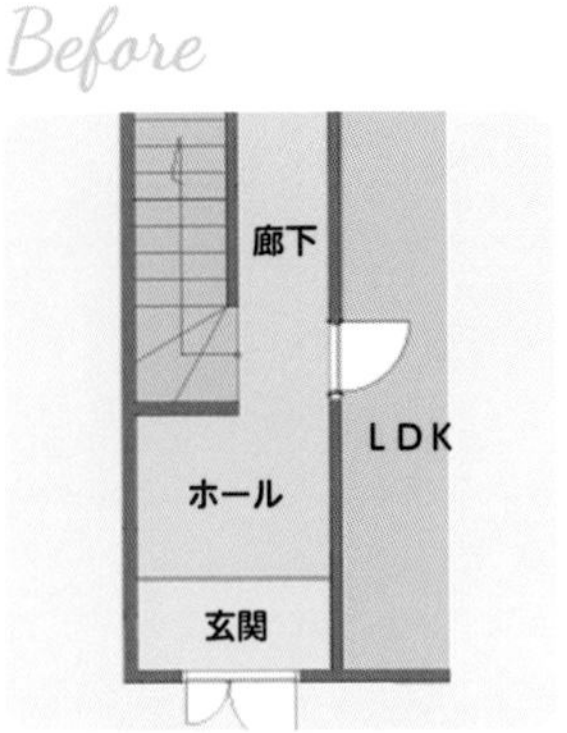

下3段が曲がり階段

bさんのお宅の階段は、図面で見ていただくとわかるように、１階に下りきるところで、直線階段から方向を90度曲げて廊下側に下りるように設計されています。現状の階段に沿って外回り用の昇降機を設けると、レール先端の昇降機に乗り降りする部分が廊下にはみ出すことになり、廊下を歩くときに危険です。

また、aさん宅（Ｐ１４８）と同じように内回りの昇降機を取り付ける場合は、レールの先端を１８０度曲げて廊下と平行に設置することとなり、昇降機の乗り降り

直線型の階段昇降機

壁を撤去して階段を直線に

を廊下の壁に向かってすることになるのに加えて、廊下のスペースが狭くなります。

　そこで、階段のいちばん下の最後の曲がりの3段を、直線階段になるように造作することにしました。それに伴って玄関ホール側の壁を撤去したうえ、廊下側に壁を設ける造作も必要となりますが、そうすれば直線階段となり、玄関ホールに向かって直線型の昇降機を設置することが可能になります。

　曲線型の昇降機を設置する場合と比べて、価格も安く抑えられますので、階段の造作工事代を加えたとしても、結果的に工事費の総額を抑えることができます。階段昇降機の設置にあたっては、建築基準法の申請が必要になる場合もありますので、施工を依頼される会社にお問い合わせください。

　執筆活動もされていたbさんにとっては、2階の書斎が使えることが励みとなり、リハビリにも力が入るようになりました。ご本人はもちろんのこと、奥さまもとても喜んでおられました。

person b

Cさん（進行性核上性麻痺）車椅子への乗り移りを考えたい

簡易走行リフトで乗り移りを楽に

おしとやかでご主人思いのcさんは、両下肢に麻痺があり、病院内では車椅子を利用されていました。そこで、退院に向けて、体に合わせたオーダー車椅子を身体障害者手帳の補装具費支給制度を利用して用意されました。その後、家の中での環境を整備するにあたり、8畳の居室に電動ベッドを設置したいとご主人からご依頼があり、準備することになりました。

電動ベッドから車椅子への乗り移りに関しては、上肢の麻痺も鑑みて、ご本人の負担を軽減しながらご自身で操作することができるように、電動で上下に稼働して水平移動もできるタイプの簡易型の走行リフトを設置しました。このリフトは据え置きタイプで、現場での組み立て形式になっているので、大がかりな工事は必要とせずに簡単に設置することができます。

今回使う吊り上げ用のスリングシートは「ツーピース

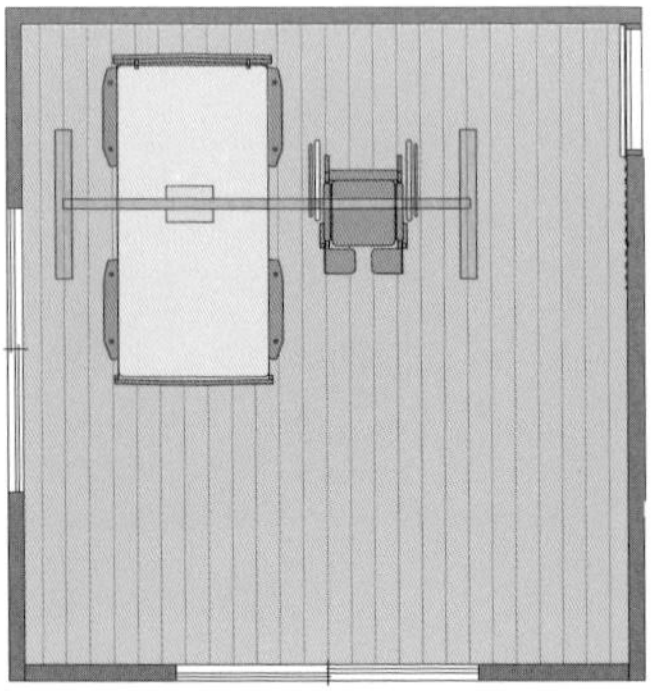

居室全体の図面：リフトの配置位置

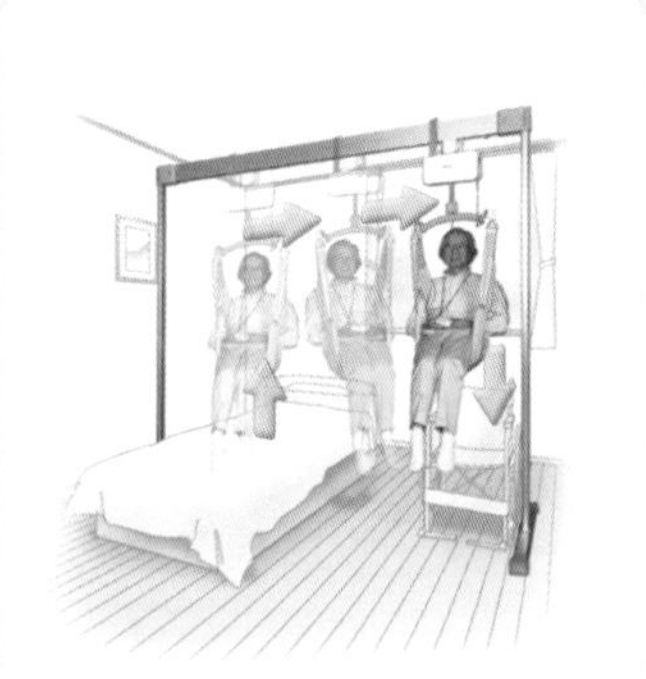

リフトを使用しての動作の流れ

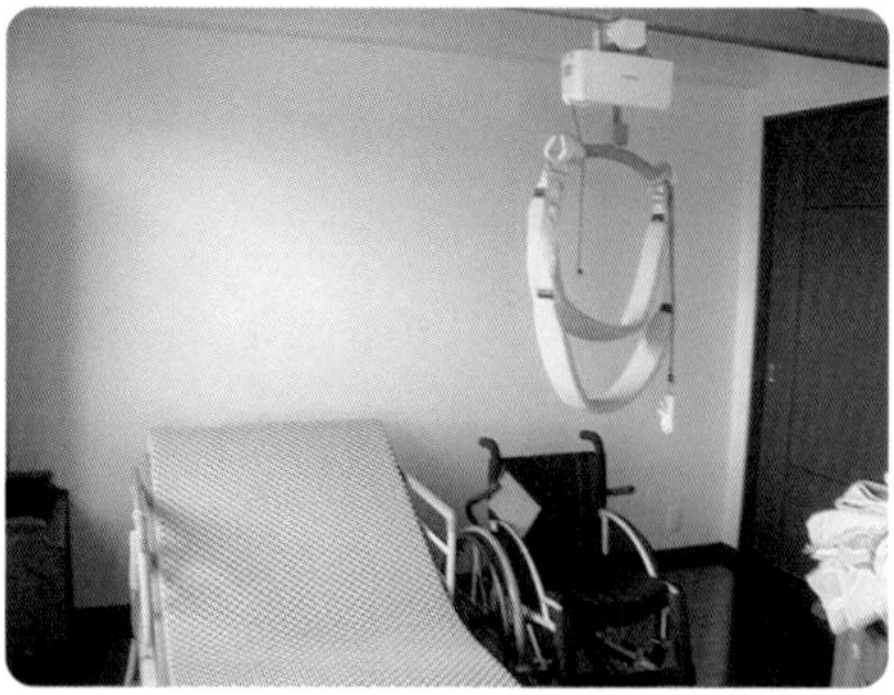

寝室に設置した電動ベッドと簡易走行リフト

ベルト」というタイプで、上肢側は背中から肩を通して装着し、下肢側は両ひざにかかるようにして装着し、安定して吊り上げられることを確認して使います。

在宅での生活に不安を抱えておられたcさんでしたが、住宅環境が整ってくると笑顔が多く出るようになり、周りの私たちや病院のスタッフの方々も安心して退院の準備に入ることができました。

また、この簡易走行リフトのなかには、左右の水平移動は手動で行うタイプのものもあります。この機器については介護保険制度の福祉用具レンタルの対象商品になっていますので（P182参照）、下肢が不自由な高齢者の方が、介護ベッドから室内用の車椅子などへの乗り移りにうまく活用されています。

P116にご登場いただいた脊髄性筋萎縮症のKさんも居室にこのリフトを置かれていて、先日お宅に伺ったときに、「このリフトは本当に便利で、とても役に立っているよ」とKさんからも奥さまからも満面の笑顔で話していただきました。

person c

dさん（筋ジストロフィー）トイレやお風呂に楽に移動したい

天井走行リフトで室内間を移動する

トイレからお風呂への移動

居室からトイレへの移動

いつも私のことを気にかけてくださるdさんは、車椅子への乗り移りに不安を感じておられた最中に、定期的に通院されているリハビリ病院で天井走行リフトを体験されて、使い勝手のよさを実感されました。

そこで、自宅に天井走行リフトを設置することを決められました。リフトを使用すれば、居室からトイレやお風呂に至るアプローチをリフトに乗ったままできるため、介助負担を減らせるだけでなく、車椅子などへの乗り移りが難しいdさんにとっても、無理な姿勢で行う日常生活での負担を減らすことができます。

天井走行リフトを設置する場合の注意点としては、ご本人の負担を考えて、移動距離をできるだけ短くすることが重要です。そこで、居室の横にトイレやお風呂を設

レールのコーナー部分

レール設置部分の下地補強

けることもあわせて計画します。そうすれば動線が短くなり、スムーズな移動ができるようになります。

また、施工上の注意点として、強度を確保するためにレールを設置する位置に補強が必要になります。補強の詳細につきましては各メーカーが定めている基準を満たす必要がありますので、施工を依頼する会社の方にご確認ください。

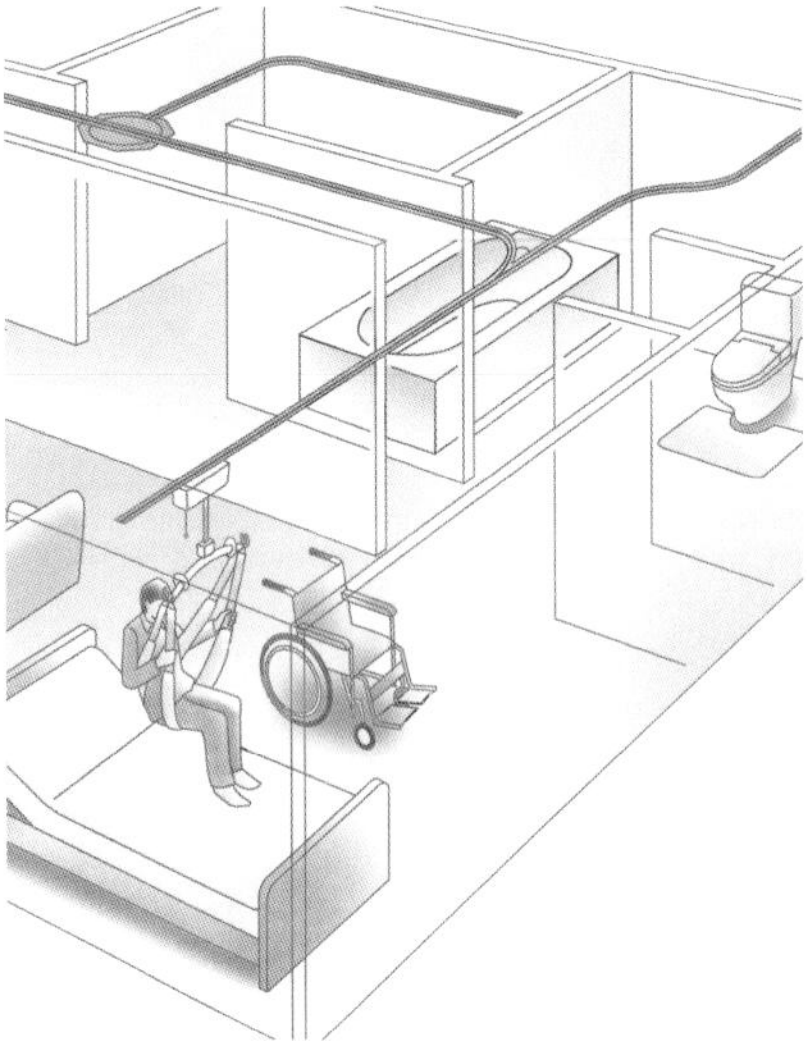

居室と水回りの参考イラスト

person d

eさん（脳挫傷）2階の居室を使うことと外出方法を考えたい

階段昇降機の設置と庭にスロープを

Before

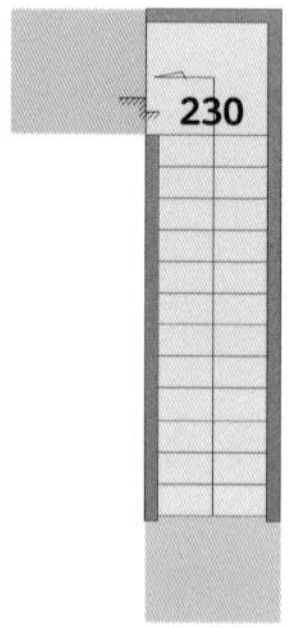

2階廊下と階段に段差

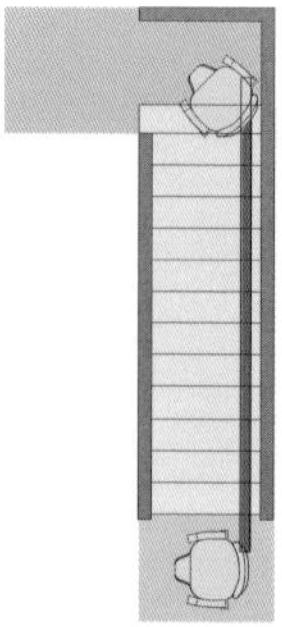

段数を増やして直線階段に

ブレザー姿がよく似合うeさんは、事故で脳挫傷になられて5カ月が過ぎ、ようやく症状も安定してこられました。そこで退院に向けて、ご自宅での生活を考えての環境整備を進められることになりました。

今までどおり2階の寝室を使いたいとの希望から、階段昇降機を設置する方向で話が決まりました。しかし、階段の形状が少し特殊で、1階からは直線階段なのですが、2階に上がりきった部分が廊下から1段下がったところに設けられていました。この階段形状に合わせて曲線型の昇降機を設置すると納期がかかり、直線型の倍近い価格になります。これらを考慮して、なんとか直線型の昇降機を取り付けられる方法を模索しました。

現場を採寸すると、1段下がった部分が広めになって

庭のスロープ

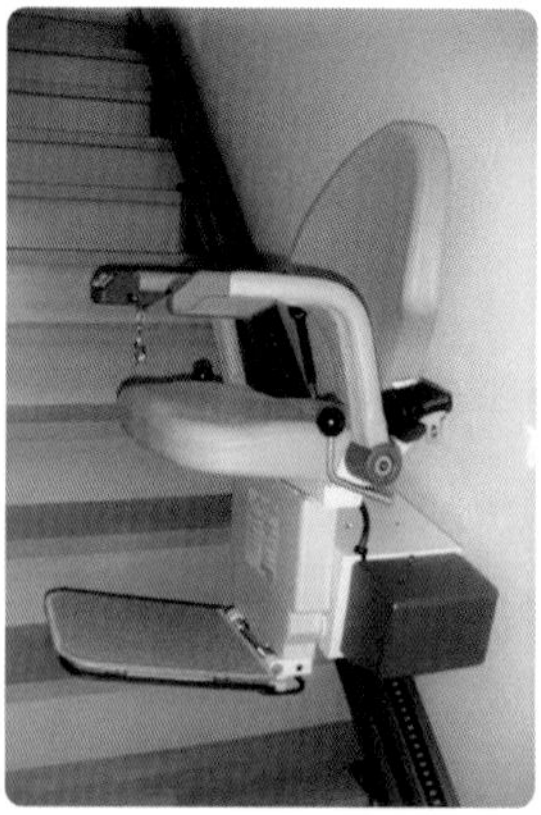
直線型の階段昇降機を設置

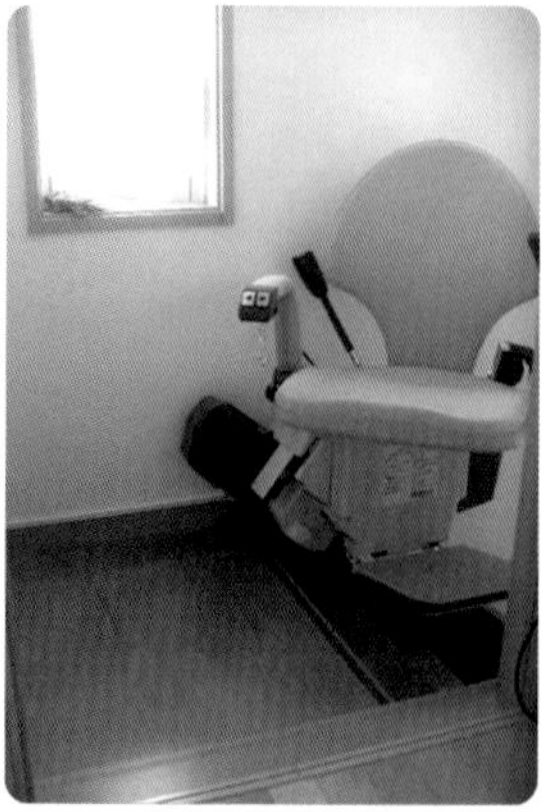
造作した2階部分

いて、階段の奥行き（踏面）にプラスして66㎝の広さがありました。そこで、階段の段数をもう1段増やすことにし、残った66㎝の部分を2階の床の高さに合わせて嵩上げして造作することにしました。これで通常の直線階段のかたちになるので、直線型の昇降機を取り付けられます。直線型の昇降機は上りきったところで椅子が回転するので、嵩上げした床面を利用すれば、乗り降りの安全性も担保できるうえに広さも確保できます。直線型の階段昇降機が、納期も短く、価格も曲線型の半分程度に抑えられるのは、定尺のレールをカットして施工するからです。この案を提案して進めることになり、eさんも大変喜んでおられました。

また、外出のアプローチについては、eさん宅は新しく整備して販売された分譲地だったため、庭に十分な広さがありました。そこで、昇降機などの機器を使用するのではなく、ご自身でもゆっくり進むことができる角度を確認し、その結果、コンクリートで12分の1のゆるやかなスロープをつくることで対応しました。

person e

fさん（レックリングハウゼン病）外出時の介助負担を軽減したい

土間を整地しリフトを活用して外出

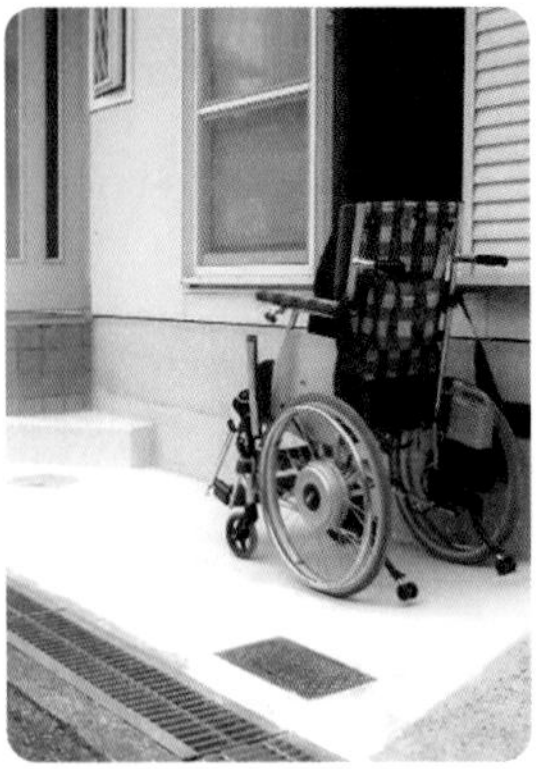

土間をフラットに整地

Before

傾きのある土間

お話し好きで、いつも素敵な笑顔で迎えてくださるfさんは、座ることは難しいのですが、ご自身で体を真横に反転させるようにして横移動することが可能だったので、電動ベッドではなく、畳の上にエアーマットを置いて生活されていました。車椅子は、座る姿勢を安定させるために体に合わせたバケット式のシートを採用し、体をホールドするようにして使っておられます。外出するときは、ご両親がfさんを抱えて玄関前の3段の階段を下り、車に乗せておられましたが、ご両親から年齢のことも考えて介助負担を軽減したいとのご希望があり、一度訪問することになりました。

解決策として、居室に吊り上げリフトを設置して外部へのアプローチを考える予定で現地調査をしたところ、

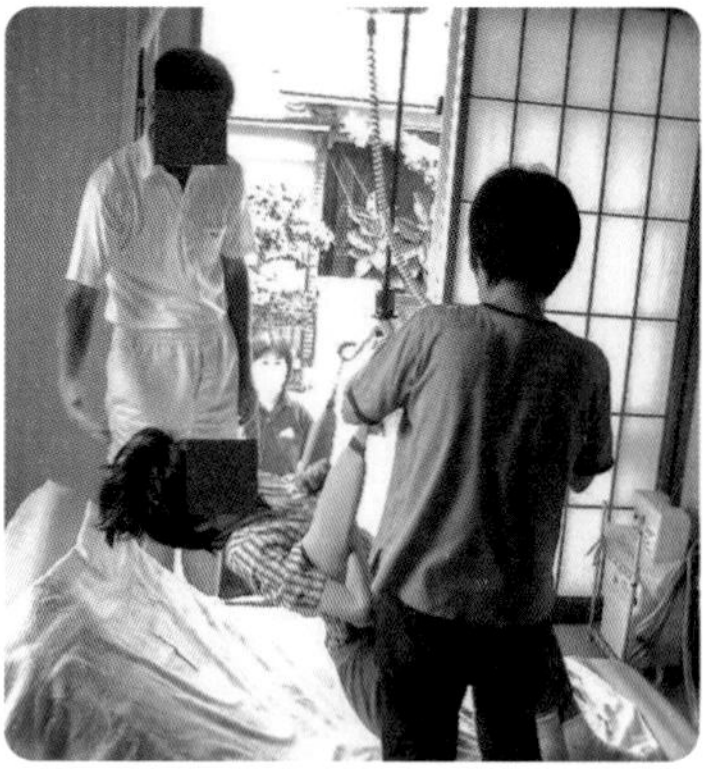

マットを背上げさせて負担軽減

リフトを使って車椅子に移動

外部用の車椅子を置く場所として、道路に並行してあった土間（犬走り）スペースの勾配がきついことがわかりました。これだと車椅子を置いたときに傾きが出てしまい、とても不安定で危険な状態になります。

そこで、コンクリート部分を掘り下げて道路との勾配を極力なくし、安定して車椅子を置けるようにしました。これで安全を確保できましたので、リフトの設置をすすめることにしました。また、ご両親が玄関から回って車椅子のところに来られる際、コンクリートを掘り下げた分だけ段差が大きくなったことを考慮して、玄関から土間側に新たにもう1段の階段を設けました。

リフトを使用するにあたり、室内側で吊り上げる際に、これまで使っていたエアーマットでは体がフラットな状態のまま吊り上げるために、fさんの身体的負担が大きくなります。そこで、エアーマット下の畳の上に設置して使うマットをギャッジアップさせることができる福祉機器を導入し、マットを背上げさせることで体に対する負担を軽減するようにしました。

gさん（脳腫瘍）腰痛が悪化し介助負担の軽減を考えたい

窓を広げリフトを活用して車に移動

Before

居室の腰窓と花壇前の掃き出し窓

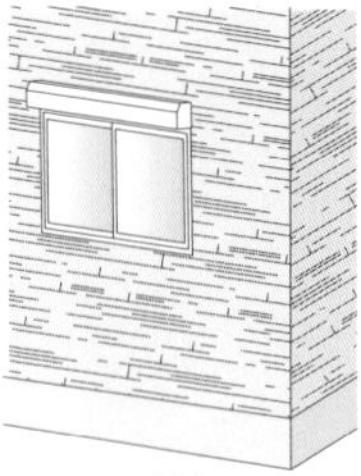

腰窓

　お母さんととても仲よしのgさんは、先天的な脳腫瘍により体内でのホルモン分泌がうまく行われていないために、ステロイド薬（コートリル錠）や甲状腺ホルモン剤など複数のホルモン剤を服用しています。これらの薬剤による副作用としての、体重の増加とつきあっていかなければなりません。

　これまでは、親御さんが抱えて玄関から車に乗せておられましたが、日々の介助のなかで慢性的に痛めていた腰痛が悪化し、今の状況を続けていくことに不安を覚えられてのご相談でした。

　外出時のアプローチを考えるにあたり、玄関横にある掃き出し窓を利用し、窓の前にある花壇を整地して車椅子昇降機を置くことも考えられましたが、現地で採寸を

リフトを使って車椅子に

居室を掃き出し窓に改修

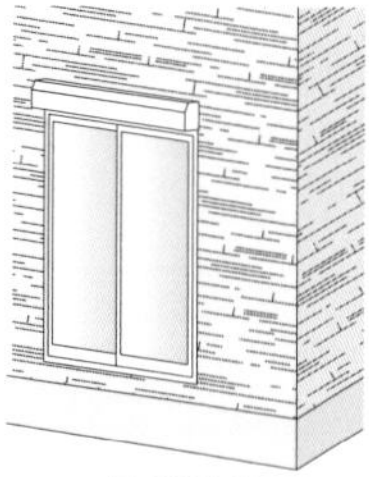

掃き出し窓

した結果、昇降機を置くスペースがありませんでした。次に外部全体の測量をして、吊り上げリフトを使ってのアプローチを考えることにしました。

そこでまず初めに、gさんが吊り上げリフトに対して怖さなどがないかを知るために、リハビリ病院で実際にリフトに乗って試してもらいました。ご本人が楽しく乗れることが確認できたので、リフトで吊り上げるためのスリングシートもいくつか試してみて、脱着が簡単で装着の負担も少ないツーピースベルトにすることが決まりました。

吊り上げリフトの設置に際しては、ガレージ側にある腰窓（高さ1m20㎝）を床まで広げて掃き出し窓に改修する必要があります。ガレージ側に降りることで車にもスムーズに乗せることができるなど、使い勝手や動線もよくなるように考慮しました。

このリフトは、居室に簡易式の浴槽を持ち込んで行われる「訪問入浴」のときにも活用されていて、gさんのくらしには欠かせないものになっています。

person g

hさん（変形性関節症）ビルトインガレージから出入りしたい

掘り込み型昇降機で駐車も可能に

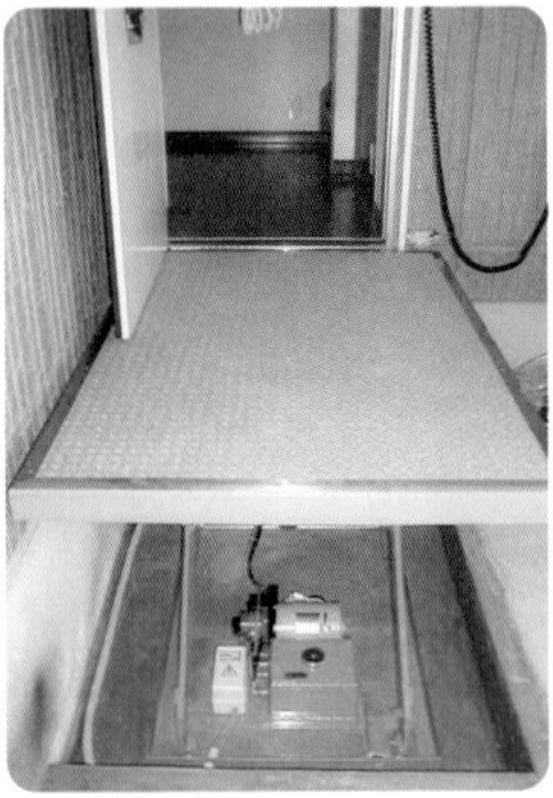

廊下面とフラットに

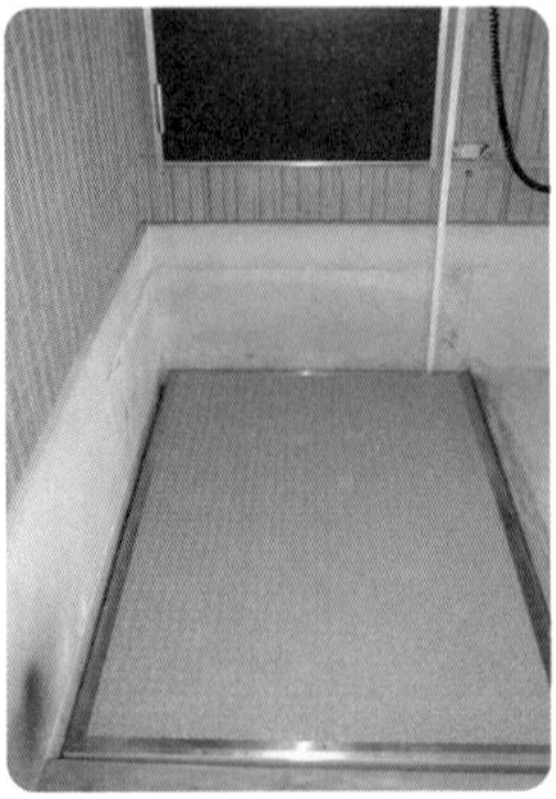

ガレージ面とフラットに

赤の洋服がよく似合う小柄なhさんは、杖歩行で家の中を歩いておられましたが、徐々に歩行が難しくなり、室内でも車椅子を使うことになりました。そこで、病院への通院時に車への乗り降りをスムーズにできるようにしたいとの希望から、建物に内接するビルトインガレージに車椅子昇降機を設置することになりました。

ガレージへの出入りに使用されていた勝手口を利用して、段差解消のために設けられていた階段を撤去し、昇降機が下降したときに地面とフラットになるように掘り込みのピット工事をしました。これで車をバックした際にも昇降機にぶつからないようになり、また、建物の廊下側から操作ができるようにも配慮しました。設置後にお礼のお手紙をもらい、心が洗われるようでした。

person h

iさん（糖尿病両足切断）デッキから車椅子で外出したい

広いデッキをつくり大型昇降機で外出

大型昇降機でデッキからの出入りが可能に

地域医療に長年貢献されたiさんは、糖尿病により下肢が壊疽《えそ》（組織が腐ってしまうこと）へと進行してしまい両足を切断されました。閑静な住宅地で庭はとても広く、西にある玄関側は道路が傾斜しているため、玄関から家に入るには階段を10段上る必要がありました。一方、東側の道路との段差は比較的小さいものでした。

外出の際は道路に面した東側の居室から出入りしたい、居室の前に日光浴ができるウッドデッキを設けたいとの希望を受け、広めのデッキを造作し、デッキの中ほどに大型昇降機を製作して、新たに設けた勝手口からデッキを通って道路に直接出られるように設計しました。電動車椅子を使用されることも決まり、天気のいい日は近くの公園や買い物にも出かけられています。

person i

jさん（脊髄小脳変性症）道路まで階段があって外出できない

車椅子対応リフトを2台活用して外出

踊り場に２台のリフトを設置

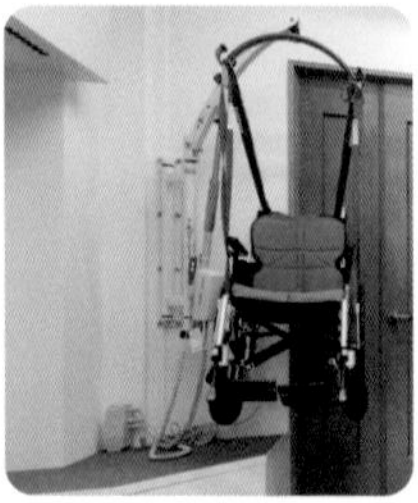

車椅子ごと昇降可能

部屋にたくさんの賞状がかかっているｊさんは、杖をついて道路までの階段を6段下りていましたが、今回の退院時には杖歩行が難しくなったため車椅子を使われることになり、外出の方法を模索されていました。ご家族は、車椅子からの乗り移りが大変なので車椅子のまま道路まで下りる方法を考えて、公共施設などに設置される車椅子で乗り込む昇降機も検討されましたが、機械が大がかりで費用も高額なことから断念されました。

階段の中間に踊り場がある形状を利用し、車椅子に乗ったまま昇降可能なリフトを2台設置する提案をしました。これで、踊り場でリフトを乗り継ぐようにして道路までのアプローチが可能に。デイサービスや病院の定期検診にも安心して行けると喜んでおられました。

Kさん（頸髄損傷）居室から通路を通って外出できるように

高低差に対応した車椅子昇降機を設置

がっちりした体格のkさんが事故で頸髄を損傷されて半年が過ぎ、容態が安定してきたので、退院に向けてお話をお聞きしました。ご希望は、居室にする予定の部屋から隣の家との間にある通路を通ってガレージに行けるようにしたいとのこと。高さ関係などを測量した結果、居室からガレージまでは高さが1ｍ15㎝ありました。

kさんと計画案を協議した結果、通路を居室の掃き出し窓に合わせてデッキ材で嵩上げして、最大1ｍ20㎝まで上がる既製の車椅子昇降機をガレージに設置することにしました。同様のケースでは、居室から通路に下りる昇降機と、通路からガレージに下りる昇降機の2台を設置することも可能です。参考までに最大1ｍ50㎝まで上がる昇降機もあることを記載しておきます。

Before

通路とガレージの段差

1m20㎝まで上がる昇降機

person k

ℓさん（脳梗塞右麻痺）道路から家までの階段の上り下りが難しい

外部用の階段昇降機を利用して対応

4カ月近くの入院生活から、退院に向けてリハビリを頑張っておられた、小柄で明るいℓさん。二十数年前に山のふもとを開発して分譲されたニュータウンにお住まいで、南側の道路から家まで8段の階段があり、上り下りが難しいとの相談を受けました。現地で測量をしてみると、階段幅が1m50㎝あり、玄関前のポーチも1m80㎝とゆったりめにとられていました。

そこで、階段昇降機でのアプローチを提案。リハビリ病院に設置されていた階段昇降機に試乗していただき、問題なく設置することになりました。退院当日に私もご自宅に伺い、帰りを待たせていただきました。昇降機に乗って家の玄関に着いたとき、ご本人と手をとりながら喜びを分かち合うことができて本当に幸せでした。

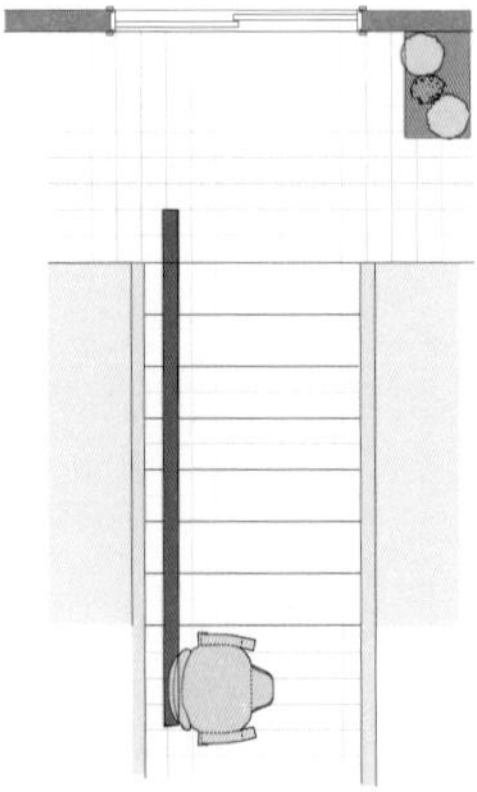

昇降機で道路から玄関へ

外部用階段昇降機

第5章

福祉制度を使って くらしを豊かに

くらしを支える福祉用具の入手法

person

design

突然、考えもしなかった予期せぬことが起こり、障がいをもつ当事者になられたときのことを想像してみてください。生活に必要なものはいくらするの？ 自宅を直すのにお金がかかるのでは？ といった不安を抱える方もおられると思います。

第1章や第3章では、お一人お一人の身体状況や、くらしに寄り添うパーソンデザインの家づくりで、実際のくらしを豊かにするための対応や工夫についてご紹介してきましたが、そうしたパーソンデザインの家づくりをかなえるために補助制度はないの？ と思われる方もいることでしょう。そこでこの第5章では、福祉制度の活用法についてまとめておきたいと思います。

障がいをもつ方のくらしをサポートしてくれる福祉制度はいくつかありますが、まず初めに、障害者手帳による、日常生活に必要な福祉用具の購入にかかる費用を支援してくれる「障害者日常生活用具給付等事業」について説明していきます。次に、高齢の方の生活を支援する「介護保険制度」のなかで使える、福祉用具や住宅改修にかかる費用を支援する制度についても、できるだけわかりやすく説明していきます。そのために、代表的な福祉用具の画像などもご紹介しながら解説していきたいと思います。

地方自治体独自で行っている住宅改修の助成金などが利用できる場合もありますが、その内容は自治体により大きく異なります。さらに、工事全体にかかる費用についても、建築費の差が地方により大きく異なることから、本書でお示しすることは逆に混乱を招くことにもなりかねないため、記載を控えることとしました。

障害者手帳で利用できる福祉用具

くらしを変える日常生活用具給付の活用

person design

障がいをもつ方に発行される障害者手帳には、身体障害者手帳、療育手帳、精神障害者保健福祉手帳の3種類があり、障がいの状況や等級に応じたさまざまなサービスが受けられます。その一つに、日常生活がより円滑に行われるための福祉用具を給付する「日常生活用具給付等事業」があります。厚労省では、対象者は日常生活用具を必要とする障害者、障害児、難病患者などで、実施主体は市区町村としています。給付用具（種目）については、（1）介護・訓練支援用具、（2）自立生活支援用具、（3）在宅療養等支援用具、（4）情報・意思疎通支援用具、（5）排泄管理支援用具、（6）居宅生活動作補助用具（住宅改修費）としています。

障がいをもつ方のなかにも、また介護保険を担うケアマネジャーのなかにも、この制度の内容をよくご存じない方がおられることを知り、本書では、より簡単明瞭にするために、障がい別の枠組みで参考画像を掲載します。また、この制度とは別に補聴器や白杖、車椅子などの補装具費支給制度もありますので、実際に検討される場合は、必ず市区町村の窓口でご確認ください。

【肢体不自由者向け日常生活用具】

種 目 障害及び程度	年齢	参考画像
★特殊寝台 ●下肢、体幹機能障害2級以上 ■難病患者等	18歳以上	
★特殊マット ●下肢、体幹機能障害2級以上 ■重度の知的障害者 ■難病患者等	3歳以上	  
訓練用ベッド ●下肢、体幹機能障害2級以上	6 ～ 17歳	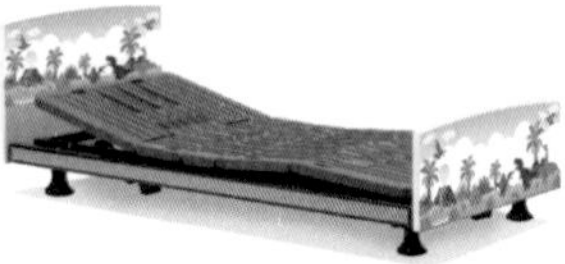
訓練椅子 ●下肢、体幹機能障害2級以上	3 ～ 17歳	
★体位変換器 ●下肢、体幹機能障害2級以上 ■難病患者等	6歳以上	 
★移動用リフト ●下肢、体幹機能障害2級以上 ■難病患者等	3歳以上	 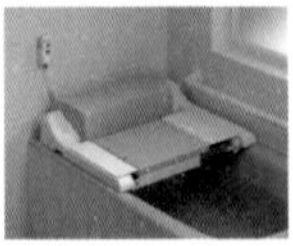 
★特殊尿器 ●下肢、体幹機能障害1級 ■難病患者等	6歳以上	 

種　目 障害及び程度	年齢	参考画像
入浴担架 ●下肢、体幹機能障害2級以上	3歳以上	 
★入浴補助用具 ●下肢、体幹機能障害者 ■難病患者等 （※P181入浴補助用具参照）	3歳以上	  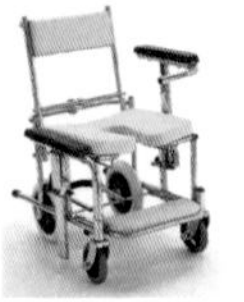
★移動・移乗支援用具 ●平衡機能、下肢、体幹機能障害者 ■難病患者等	3歳以上	 
★便器 ●下肢、体幹機能障害2級以上 ■難病患者等	6歳以上	
特殊便器 ●上肢障害2級以上 ■重度の知的障害者 ■難病患者等	6歳以上	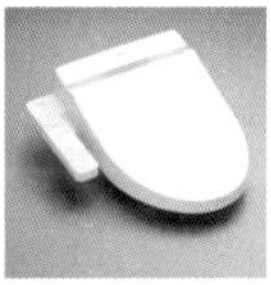 
★居宅生活動作補助用具（住宅改修費） ●障害等級3級以上 ■難病患者等 （※P185住宅改修参照）	6歳以上	 

表は、身体障害者手帳の基準をもとに作成しています。■重度の知的障害者、■難病患者等にも適応される種目についても記載しました。
「★」…障害手帳のほか介護保険認定も有する方は、介護保険が優先されます。
※市区町村により「給付種目」「年齢」「障害程度」が異なります。

【視覚障害者向け日常生活用具】

種　目 障害及び程度	年齢	参考画像
視覚障害者用 ポータブルレコーダー ●視覚障害2級以上	6歳以上	
歩行時間延長信号機用 小型送信機 ●視覚障害2級以上	6歳以上	
視覚障害者用拡大読書器 ●視覚障害6級以上	8歳以上	 
重複不可		
音声読書器 ●視覚障害6級以上	6歳以上	 
視覚障害者用時計 （触読式・音声式） ●視覚障害2級以上	18歳以上	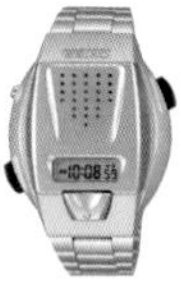 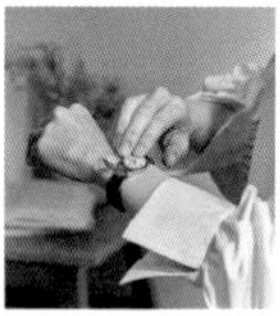
点字タイプライター ●視覚障害2級以上	6歳以上	
点字ディスプレイ ●視覚障害2級以上	18歳以上	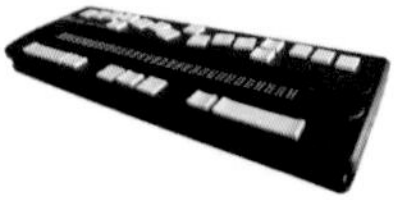

種目 障害及び程度	年齢	参考画像
点字器 ●視覚障害者	6歳以上	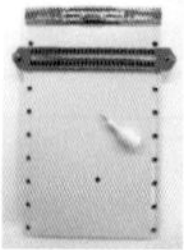
情報・通信支援用具 ●視覚障害者 上肢障害2級以上	6歳以上	
電磁調理器 ●視覚障害2級以上 ■重度の知的障害者	18歳以上	
視覚障害者用音声体温計 ●視覚障害2級以上	6歳以上	
視覚障害者用音声体重計 ●視覚障害2級以上	18歳以上	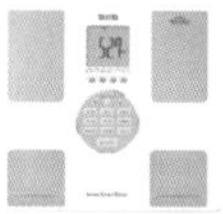
視覚障害者用音声血圧計 ●視覚障害2級以上	18歳以上	

拡大読書器と音声読書器が同一種目となる場合（重複不可）があります。
記載以外の給付対象もあります。福祉用具をご検討される場合は、お近くの視力障害者センターや点字図書館などで体験されることをおすすめします。
※市区町村により「給付種目」「年齢」「障害程度」が異なります。

【聴覚言語障害者向け日常生活用具】

種　目 障害及び程度	年齢	参考画像
聴覚障害者用通信装置 ●聴覚障害者、音声、言語機能障害者	6歳以上	
情報受信装置（アイドラゴン） ●聴覚障害者	なし	
屋内信号装置 ●聴覚障害2級以上	18歳以上	
人工喉頭（笛式・電動式） ●音声、言語機能障害者	なし	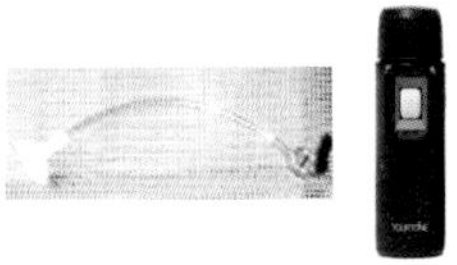
携帯用会話補助装置 ●音声、言語機能障害者、肢体不自由者	なし	
火災警報器、自動消火器 ●身体障害者だけの家族 ■重度の知的障害者 ■難病患者等	なし	

放送のデジタル化で、テレビのリモコンにある「字幕」「音声切り替え」で日本語字幕が出る番組が多くあります。補聴器や人工内耳などは「補装具」の申請になりますので、耳鼻咽喉科や聴覚支援センターなどにご相談ください。
※市区町村により「給付種目」「年齢」「障害程度」が異なります。

【内部障害者向け日常生活用具】

種　目 障害及び程度	年齢	参考画像
ネブライザー（吸入器） ●吸機能障害3級以上、承認された者 ■難病患者等	なし	
電気式たん吸引器 ●吸機能障害3級以上、承認された者 ■難病患者等	なし	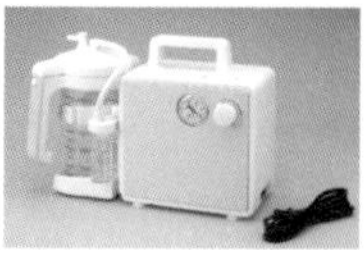
動脈血中酸素飽和度測定器（パルスオキシメーター） ●吸機能障害3級以上、承認された者 ■難病患者等	なし	
ストーマ装具 **尿路系・消化器系** ●ストーマを造設した者	なし	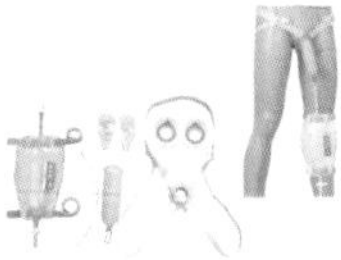
透析液加温器 ●腎臓機能障害3級以上	3歳以上	
紙おむつ等 ●運動機能、排便機能障害等 ■重度の知的障害者 ■難病患者等	なし	

ストーマの種類などについては、かかりつけの病院でお尋ねください。種目によっては「医師の意見書」などの添付が必要な場合があります。また記載以外の種目も数多くありますので、障害福祉担当窓口でご確認ください。
※市区町村により「給付種目」「年齢」「障害程度」が異なります。

視覚に障がいをもつM・Sさんの活用術

日常生活用具給付で生活の質を上げる

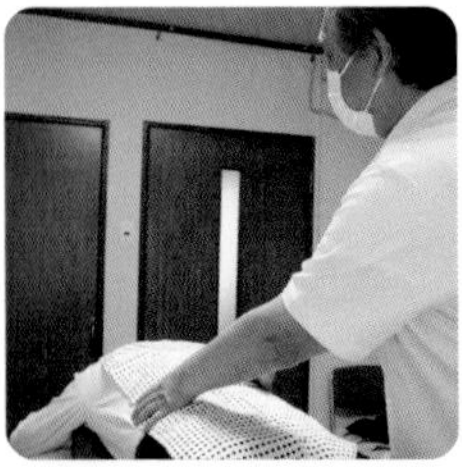

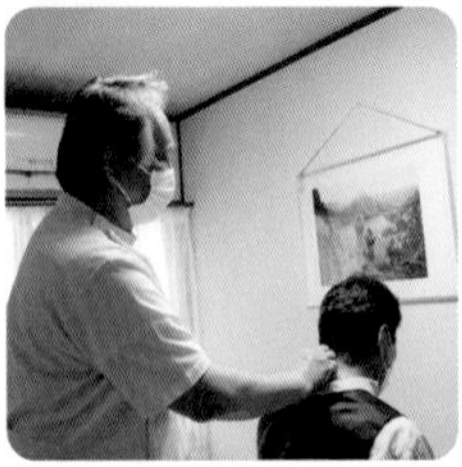

M・Sさんは、難病指定を受けている網膜色素変性症で、病気の進行により、現在の視力は両目とも光覚はありますが全盲になられ、障害者手帳第1種1級をお持ちです。鍼灸師をされながら、努力のたまもので防災士の資格をとられて、幅広く活躍されています。

住み慣れた住宅の室内では、壁を触りながら移動し、外出時は家族介助かガイドヘルパーを利用されています。日常生活に必要な情報を得るために、さまざまな福祉機器を駆使して生活しておられるM・Sさん。視覚障がいの方が日々のくらしのなかでどんなことに困っておられるのか、そしてその課題を克服するため、日常生活用具給付の制度を利用した福祉機器の活用術についてお話を伺いました。

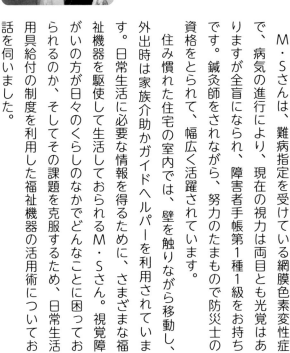

☑ パソコン操作支援ソフト

情報を音声に変換してパソコンを操作

パソコン操作には、画面情報を音声に変換して読み上げるソフトを使います。文書作成・保存、ニュース検索、メール送受信に使うソフトと、ネット検索に使う音声ブラウザも搭載しています。「自分から情報をとりにいくのが難しい視覚障がい者にとって、音声読み上げソフトでの情報入手は欠かせません」

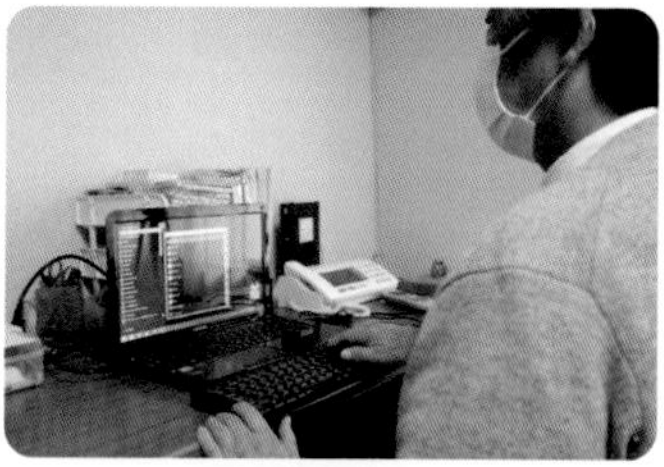

音声ガイドでパソコン操作が可能

☑ デジタル録音図書再生機

いろいろな本を読むために再生機を活用

読書はDAISY図書（国際標準規格のデジタル録音図書）専用の読み上げ再生機を使います。図書CDのほか、オンラインサービスでも楽しめて、好きなページに飛んだり、再生スピード変更も可能です。「以前は拡大読書器で画面に映し出していました。病気が進行した今は、耳で聴くスタイルです」

CDを挿入してボタンで操作

音声読書器

書類を撮影して音声に変換

書類は、小型カメラとスピーカーを搭載した音声読書器をメガネに装着して読むことができます。AIが目の前の活字を自動認識して音声に変換し読み上げる仕組みで、「電源をオンするだけで撮影・読み上げが全自動で行われて便利です。ただ、読み上げの精度は60〜80％程度と低く、今後の課題ですね」

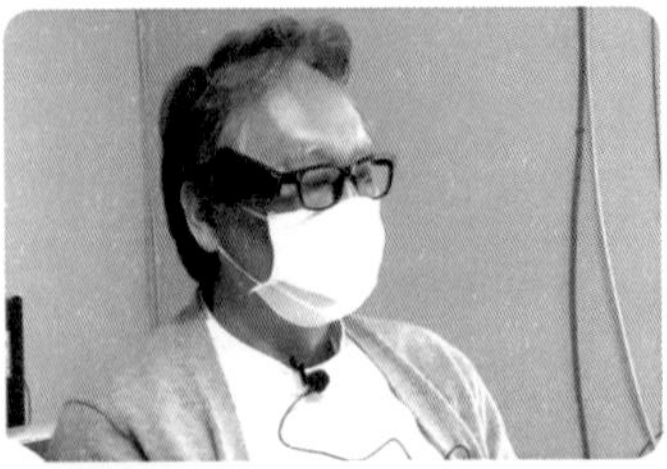

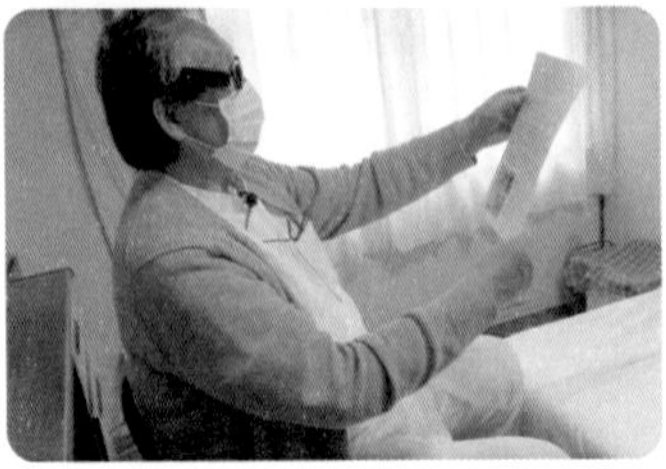

音声に従い原稿をカメラの前に

触読式時計、音声時計

触読や音声で時間がわかる

文字盤に触れることで時刻を確認できる触読式時計と、時刻を音声で知らせる音声時計があります。触読式は、針に指で触れたときに時針と分針を判別しやすい工夫が施されています。音声時計はボタンを押すだけで音声が流れ、時刻がわかります。「視覚に障がいをもつ人にとっては便利だと思います」

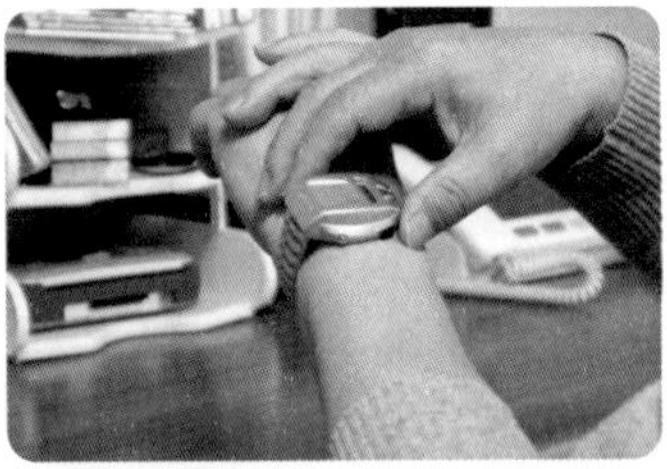

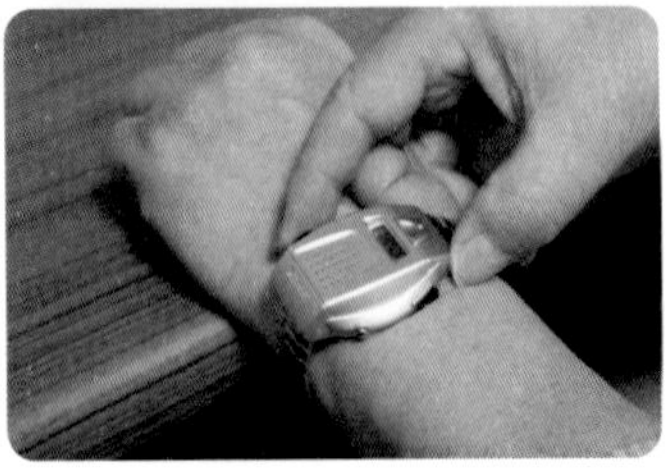

音声で時刻などを知らせる

Column

M・Sさんから

障害者手帳と介護保険の制度の違い。65歳になると起こるさまざまな弊害

私と同じ視覚障がいをもつ方からよくお聞きするのが、65歳以降に起こる、制度のはざまでサービスが低下する問題です。障がいをもつ方の多くは、障害者手帳による福祉サービスを利用します。ところが65歳以上になると、これが障害福祉サービスから介護保険へと切り替わってしまう。制度上この2つを併用することは原則できず、同じサービスがある場合は介護保険を優先させ、介護保険でカバーできない部分だけ障害福祉サービスで補完するのです。ところが現状ではこの補完ができていません。

たとえば、ガイドヘルパーさんが移動や外出に同行してサポートしてくれる「同行援護」というサービスがあります。通院に同行してもらう場合、病院への移動のサポートはもちろん、病院で問診票を代筆する、順番がきたら診察室まで連れていく、トイレや食事、会計時の支払いなど必要な援助を行うという幅広いサービスです。ところが、これが介護保険になると「通院等介助」という制度に変わってしまい、サービスは病院の入り口に送り届けるところまで。あとは病院のスタッフに見てもらってくださいね、あとで迎えに来ますから、ということになってしまうのです。

その不都合さについてわれわれも声をあげ、行政に働きかけてきました。その結果、厚労省が65歳以降も同行援護サービスを使えると認めたのですが、これが介護保険のケアマネジャーに十分に伝わっていません。そのためケアマネから、「同行援護」は使えないので介護保険の「通院等介助」を使うようにと言われて困っている方が大勢いるのが現状です。

これはほんの一例で、ほかにも週に4回使えていた入浴介助サービスが1回しか使えなくなった、これまで無料だったサービスが介護保険になって1割負担になったなどの問題が噴出しています。まだまだ残る、障がいをもつ人にとっての介護保険制度の使いにくさ。行政は制度のはざまで苦しむ人の声に耳を傾け、しっかり対応していただきたいと思います。

介護保険で利用できる福祉用具

レンタルと購入で生活に必要な用具を入手する

person design

障がいをもつ方に限らず、65歳になると介護保険の認定を受けられて、必要な介護の度合いにより「要介護1～5」「要支援1～2」「自立」のいずれかの区分に指定されます。介護の必要性が認められると、介護サービスを受けるための費用に介護保険が適用され、住宅改修費用の助成制度や、生活に必要な福祉用具を貸与（レンタル）や購入する場合、介護負担割合「1割・2割・3割」に合わせて補助を受けられます。

レンタルについては介護サービスの位置づけになりますので、介護度別に定められたサービス金額を超える場合は、全額自己負担となります。また、入浴補助用具や腰かけ便座など、体に直接触れるものでレンタルに適さないものは購入の対象種目となり、年間10万円の支給上限内であれば、購入金額に対して介護負担割合に合わせた補助を受けられます。

障がいをもつ65歳以上の方で、介護保険制度の対象になっていない福祉用具については、障害者手帳の制度により給付される場合がありますので、市区町村の窓口でご確認ください。

【介護保険の福祉用具購入】

種　目 参考品目	参考画像
腰かけ便座 ・据え置き式便座　・補高便座 ・温水洗浄機能付き補高便座 ・ポータブルトイレ （プラスチック・木製） ・温水洗浄機能付き ポータブルトイレ など	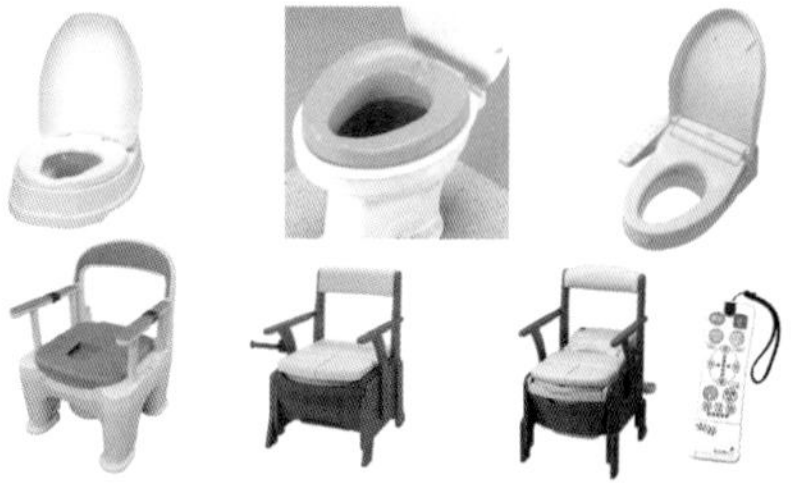
入浴補助用具 ・バスボード ・浴槽台 ・シャワーベンチ ・シャワーキャリー ・浴槽手すり ・すのこ など	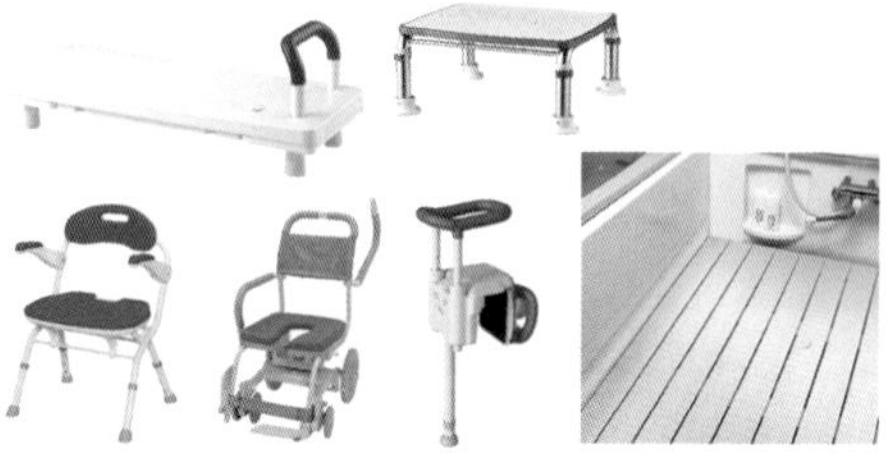
移動用リフトの吊り具の部分 ・スリングシート	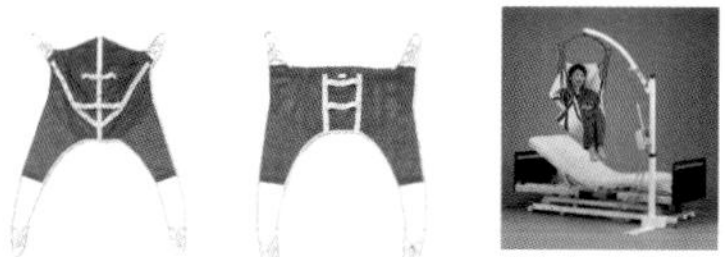 ※レンタル品
排泄予測支援機器 ・尿意通知センサー	
簡易浴槽 **自動排泄処理装置の交換可能部品**	簡易浴槽  交換可能部品 

同一種目の購入及び購入後の破損などについての対応は、市区町村によって異なりますのでご確認ください。2024年度から「スロープ」「歩行器」「歩行補助杖」の一部の品目がレンタルと購入の選択制になります。P183のレンタル表をご覧ください。

【介護保険の福祉用具レンタル】

種　目 参考品目	介護度	参考画像
車椅子 ・自走式　・介助式 ・リクライニング ・六輪車 など	要介護2 以上	
車椅子付属品 ・座クッション　・背クッション ・エレベーティング ・テーブル など	要介護2 以上	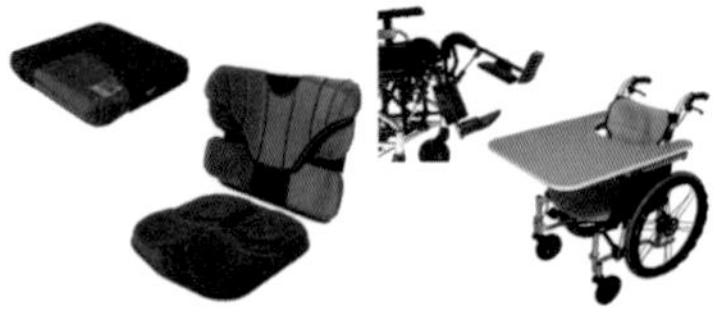
特殊寝台 ・電動ベッド （1モーター、2モーター、3モーター）	要介護2 以上	
特殊寝台付属品 ・マットレス　・サイドレール ・介助バー　・テーブル など	要介護2 以上	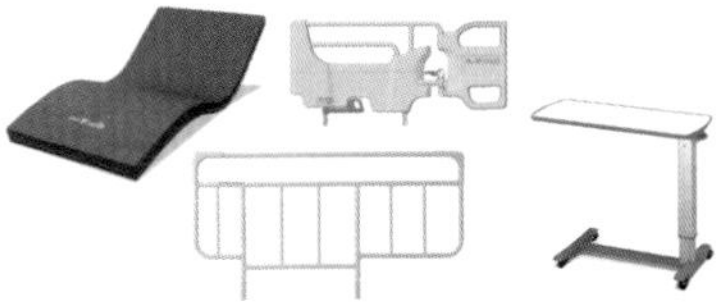
床ずれ防止用具 ・体圧分散マットレス ・エアマットレス	要介護2 以上	
認知症老人徘徊感知機器 ・マット型 ・センサー型	要介護2 以上	
移動用リフト ・昇降機　・昇降座椅子 ・リフト ・バスリフト など	要介護2 以上	 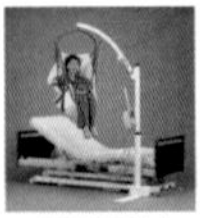 ※吊り具は購入 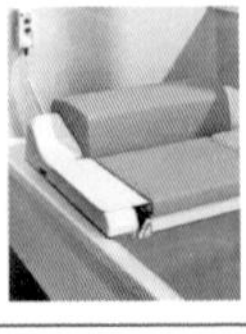

種　目 参考品目	介護度	参考画像
手すり ・据え置き型 ・突っ張り型 ・屋外用 など	全認定者	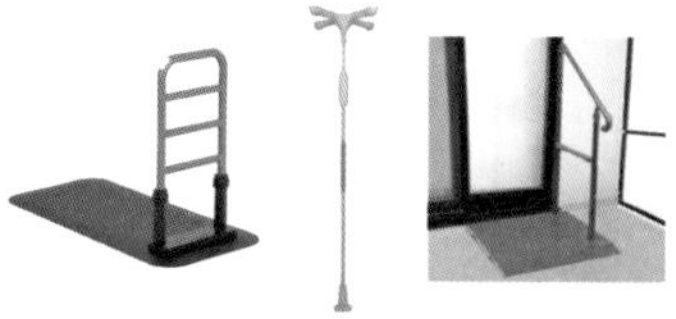
体位変換器 ・ポジショニングクッション ・体位変換用シート など	全認定者	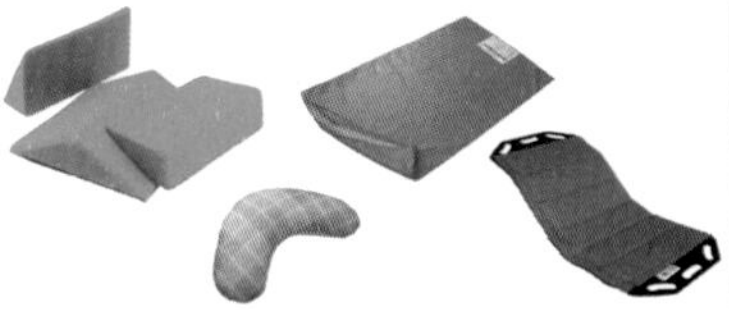
自動排泄処理装置 ・収尿器	要介護4 以上	 ※レシーバーは購入品
スロープ ・携帯用スロープ ●固定用スロープ	全認定者	
歩行器 ・歩行車 ●馬蹄型歩行器 ●ピックアップウォーカー など	全認定者	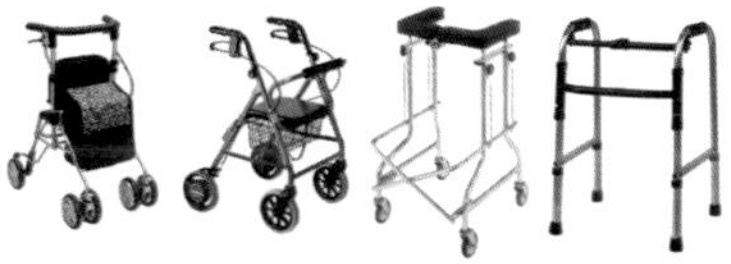
歩行補助杖 ・松葉杖 ●単点杖 ●多点杖	全認定者	

「●」の品目は、2024年度からレンタルと購入の選択制になります。要介護２以上の種目において、対象者以外であっても身体状況などにより「例外給付」制度で対象となる場合があります。詳しくは市区町村の介護保険担当窓口でご確認ください。

住宅改修

介護保険で利用できる

制度の活用でくらしを豊かに

person design

手すりの取り付け、段差や傾斜の解消、和式から洋式への便器のとりかえなど、自宅を改修する場合に介護保険が適用される制度があります。対象となるのは、介護保険の「要介護1〜5」「要支援1〜2」の認定を受けた方で、福祉用具の貸与や購入と同じく、介護負担割合「1割・2割・3割」に合わせて費用の一部が補助されるという仕組みです。生活保護受給者の方などは生活扶助費からまかなわれますので、費用負担はかかりません。

支給限度額は、一人生涯20万円までですが、認定区分が要支援2から要介護3になるなど3段階以上上昇した場合や、自宅を転居した場合に限り、限度額の20万円がリセットされるなどの特例があります。また、限度額の範囲内であれば複数回の申請も可能で、何度でも改修工事をすることが可能です。

こうした補助制度を上手に活用して日常生活の質を向上させることで、より楽しく、より元気にくらしていっていただきたいと切に願っています。

【介護保険の住宅改修】

工事内容	参考画像
手すりの取付け ・トイレ ・廊下、階段 ・外部アプローチ など	  
段差の解消 ・敷居の撤去 ・スロープの施工 ・踏み台の設置 など	  
床または通路面の材料の変更 ・畳からフローリング ・滑り止めタイル ・外部アプローチ整地 など	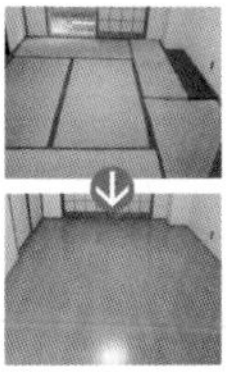 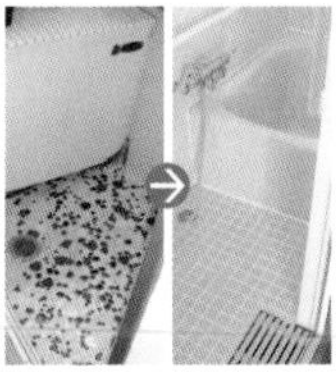 
扉の取替え ・折り戸への取替え ・3枚引き戸への取替え ・アウトセット引き戸への取替え など	  
便器の取替え ・和式から洋式への取替え ・和式（据え置き便座）から洋式への取替え など	 

介護保険制度以外の各自治体が行っている助成制度を併用できる場合があります。詳しくは市区町村の介護保険担当窓口でご確認ください。

本書に込めた著者の思いの源泉

サリドマイド胎芽病の認定

私は、父親の仕事の関係で、高校に上がるまでに九州から三重県まで7回の転居をしています。そして小学5年生のときに居住していた福岡で、その後の自分の人生を決定づける出来事が起きたのです。

担任の先生から母親に電話が入り、「お子さんの斜視がひどいので、一度大きな病院で検査を受けたらどうでしょうか」とのことで、九州大学医学部附属病院で精密検査を受けることになりました。検査のあとに母親が医師から呼ばれ、「息子さんはサリドマイドによる障がいである可能性が高いです」と告げられましたが、その時点で私には話しませんでした。その後、中学3年生のときに住んでいた吹田市で、「サリドマイドの最後の認定を行います」との市政だよりの記事を見つけた母親から、初めて自分の生い立ちについての話を聞きました。

認定は、東京の大学病院に出向き、サリドマイドの世界的権威であるドイツのレンツ博士を日本に招いて行われ、博士の所見を踏まえて認定結果が決まります。初めてお会いしたレンツ博士は、とても穏やかなまなざしとふくよかな温かい手で、やさしく診断していただいたことを今でもはっきりと記憶しています。

読者の皆さまのなかで、テレビなどの報道を通じてサリドマイド薬害事件のことをご存じの方は、アザラシ肢症などの四肢欠損の症状を思い浮かべられると思いますが、私には四肢の障がいはなく、3歳のときに手術で切除した耳の奇形があること、摂食時に涙が出るワニの涙症候群があること、眼球の運動制限のデュアン症候群があることの3点により認定されたと思います。中学生の私は、認定を受けたあとから、それまであまり考えたことがなかった、障がいをもつ人たちのことについて少しずつ意識するようになってきました。

☑人生を決める二つの大きな経験

高校に進学した私は、サリドマイド児のなかには耳の不自由な方が五十数名おられるということを知り、市が主催していた手話サークルに通うようになりました。今まで障がいをもつ方と接する機会がなかった私に対して、ろうあ者の皆さんはとてもやさしく接してくださいました。その方々は、とても陽気な方が多く、サークル内はいつも笑いであふれていました。

高校1年生の夏休みにサリドマイド児の集いが開催されることになり、申し込みをしました。集いには約50名の方が全国から参加していて、世代が同じということもあり、すぐに打ち解け、普段の生活や学校でのことなどいろいろな話をして楽しい時間を過ごしました。

しかし、徐々に私の心の中に一つの感情が芽生えてくることになります。それは、その集まりのなかで私だけ、日常に大きなリスクを背負っていないことに対する「罪悪感」であり、自分に対する「嫌悪感」のような感情でした。この感情は、マジョリティである健常者の人々がつくる社会環境のなかで、マイノリティである障がいをもつ方が感じる「生きづらさ」や「違和感」に似ているのではないかと思います。そうなのです。その場では障がいをもつ皆さんがマジョリティであり、障がいの軽い私がマイノリティだったのです。その後、自宅に帰った私は、何度となく車にぶつかり、腕をなくすような妄想にさいなまれたことがありました。しかしこの状況を救ってくれたのも、障がいをもつ友人たちでした。

ある日、いつも明るい脳性麻痺の友人が大きな声で涙したことがありました。それは、今も続くテレビ番組『24時間テレビ「愛は地球を救う」』の第1回目の放送日のことでした。テレビに映し出されたタイトルを司会者が大きな声で読み上げました。「〜恵まれない人に愛の手を〜愛は地球を救う」。それからすぐに家の電話が鳴り響きました。いつも明るい友人が泣きながら「私らは恵まれないなんて思ったことは一度もない。なんで恵まれない人に愛の手をって言われなあかんの」と。多くの人たちが、障がいをもつ人たちをかわいそうと思っているかのような現実があることを、思い知らされました。この一連の経験から、福祉を「業」として考えたいとの思いが強くなり、福祉と名のつく学科が全国に数えるほどしかなかった時代に、大学で福祉を学ぶことにしたのです。

☑会社の立ち上げと阪神・淡路大震災

大学を卒業した私は、大手住宅メーカーの人事部長から「住宅は、あなたのやってこられた福祉をくらしのなかで生かせる職場です」との強いアプローチをいただき入社しました。これが建築と私の出会いなのです。1991年に実家のある神戸に帰ることになり、それを機に起業して今の会社を創業しました。その3年半後の1995年に発災し、社会を震撼《しんかん》させた阪神・淡路大震災に遭遇することになります。私は、被災された高齢者世帯の住宅の屋根にブルーシートを張るボランティアに参加しました。一方で、仮設住宅の建設が急ピッチで進んでいたのですが、その時期に友人を介して、仮設住宅での生活に不自由さを訴えておられる障がいをおもちの方や高齢の方がお住まいの仮設住宅に、手すりを取り付けたり、段差を解消したりする仕事の依頼がありました。当時の建設会社は、復興の仕事があふれんばかりに多くあり、手すりの取り付けなどの細かい仕事に対応してくれるところはなく、また、福祉用具を扱っている数少ない会社も建築に対する知識がなく、請け負うことができる会社はありませんでした。もちろんこの頃は、まだバリアフリーという言葉が一般的に使われることがなかったことや、障がいをもつ方への住宅環境の整備に対する市区町村のバックアップも脆弱《ぜいじゃく》な時代だったことも要因だと思います。

私自身も神戸の中心地で被災し、困っておられる方の気持ちもよくわかりましたので、依頼をいただいた時点で、すぐに全力で協力することを決めました。それからは、広範囲に点在する仮説住宅の現地調査から、段差解消や手すりの取り付け工事までのすべてをこなし、1日2～4軒のペースで毎日休みなく走り回りました。その数は数百軒に上り、本当にたくさんの方と出会うことができ、多くの学びを得る機会となりました。それから30年の間に4000人以上の障がいをもつ方の住宅に携わることになるとは、当時は思いもかけませんでした。

Background

おわりに

本書を読んでいただいた方のなかには、障がいをもつ方のくらしを専門にする「福祉住環境コーディネーター」という資格があるのでは、と思われた方も多いかもしれません。確かに、2000年に始まった介護保険制度に伴って、福祉住環境コーディネーターという資格が厚労省のあと押しで設立されました。そして福祉住環境コーディネーター2級を取得すれば、介護保険を利用した住宅改修を行った際に必要な「住宅改修が必要な理由書」を作成することが認められています。福祉住環境コーディネーターは、日本の公的資格の一つとして、高齢者や障がい者に対して住みやすい住宅環境を整備するためのコーディネート役として位置づけられています。しかし、これだけの重要な位置づけを担う資格でありながら、この資格の設立に伴って2002年に設立された「福祉住環境コーディネーター協会」という団体は、2019年に解散してしまっています。本当に残念ではありますが、冒頭でもお話ししたように、この資格すらも日ごとに力を失っているように感じています。そんななかで、本書が福祉住環境分野の一条の光となり、多くの感動を体感することができ、自分の成長も実感できるこの仕事に多くの方に興味をもっていただき、かかわっていただくことで、福祉住環境の分野のさらなる発展につながることと信じています。

本書をまとめるにあたり必要だった多くの方との歴史が詰まった写真データの多くは、残念ながら今はありません。じつは、私が代表を務める会社のサーバーが故障して、消去してしまったのです。にもかかわらず本書を出版することができたのは、介護保険制度が始まり、病院の作業療法士として私と一緒に多くの障がいをもつ方の住まいづくりに同行していただいた長倉寿子先生のおかげです。それにはこんな経緯がありました。先生が勤めておられた病院がセラピストの養成校を創設することになり、学科長として先生が就任されました。それからまもなくして私に声をかけていただき、17年もの長きにわたり、非常勤講師として教育に携わることになりました。その教員時代に、学生の皆さんが現場に出られたときに役立つ実践的資料として使っていた、私の所有する写真データが残っていたことで、本書の出版にこぎ着けることができたのです。ですから、本書を学生の皆さまにもぜひ読んでいただきたいと願っています。兵庫県作業療法士会の会長や厚労省での指導官も務められた、尊敬する長倉先生に感謝申し上げます。

最後になりますが、この仕事を30年にわたり続けてきたなかでは、喜びに歓喜することばかりではありませんでした。多くの別れも経験してきました。その方々からもたくさんのパワーと生きる力をいただきました。がんのターミナルで余命3カ月の宣告を受けたI・Mさんは、歩くのもおぼつかないほどにやせておられましたが、本当にいつも笑顔でやさしくお話ししてくださり、まさに悟りを開かれた菩薩様のような方でした。死と向き合うなかでも、やさしく穏やかな姿でおられるのを目の当たりにして、生きることの素晴らしさや力強さを教えていただきました。本当にありがたいことだと思います。

本書の製作にかかった時間は1年以上になります。根気よく寄り添っていただいた主婦の友社の関係の皆さまには深く感謝を申し上げます。なにより、本書の製作にご協力いただいた多くの皆さまには、直接お会いしてお礼を申し上げるべきところではありますが、本書の出版という形でお礼を申し上げます。最後まで読んでくださり、ありがとうございました。

著者略歴
1962年 神戸で生まれる
1985年 花園大学文学部社会福祉学科卒業
2011年 神戸大学大学院人間発達環境学研究科修了
一般社団法人ヒューマンライフデザイン　代表理事
株式会社アーサ　代表取締役
神戸大学　非常勤講師
関西総合リハビリテーション専門学校 作業療法学科（17年勤務）
国立明石工業高等専門学校 専攻科（7年勤務）
認定NPO法人ぱれっと　前理事長
兵庫県ボッチャ協会　前副会長

著　書
インクルーシヴな社会をめざして（共筆　かむがわ出版）
サステイナブルな住まい（共筆　ドメス出版）

Editorial Staff
・デザイン／外塚誠 (digical)
・校　　正／荒川照実
・協　　力／平林理恵
・構成編集／加藤登美子
・編集担当／天野隆志 (主婦の友社)

「生《い》きる力《ちから》を引《ひ》き出《だ》す」住《す》まい
障《しょう》がいをもつ方《かた》のくらしと家《いえ》づくり
パーソンデザインで考《かんが》えるくらしを変《か》える福祉住環境《ふくしじゅうかんきょう》
令和6年4月30日　第1刷発行

著　者　朝尾《あさお》 浩康《ひろやす》
発行者　平野 健一
発行所　株式会社主婦の友社
〒141-0021 東京都品川区上大崎3-1-1 目黒セントラルスクエア
電話 03-5280-7537（内容・不良品等のお問い合わせ）　049-259-1236（販売）
印刷所　大日本印刷株式会社

ISBN978-4-07-455048-7